초등학생이 알아야 할
참 쉬운 정치

알렉스 프리스,
로지 호어,
루이 스토웰 글

켈런 스토버 그림

휴고 드로천,
대니얼 비호프 감수

신인수 옮김

차례

정치가 뭐예요? ... 4
누가 결정을 내릴까요? ... 8
정부가 뭐예요? ... 10

제1장 다양한 정부 ... 13
예전에는 정부가 어떤 모습이었을까요? 고대의 아테네와 로마부터
중국과 유럽 그리고 미국까지, 정부의 모습은 어떻게 바뀌어 왔을까요?

제2장 정치 체제 ... 29
민주주의는 어떤 과정을 통해 움직일까요? 대통령제와 의원 내각제는
어떻게 다를까요? 독재주의, 공산주의, 무정부주의는 어떤 것일까요?

제3장 선거와 투표 ... 55
누가 선거에 참여할 수 있을까요? 왜 어떤 사람은 선거에 참여할 수 없을까요?
비례 대표제와 다수 대표제의 차이점은 무엇이고,
가장 공정한 선거 제도는 무엇일까요?

제4장 정치적 변화 ... 71
선거가 아닌 다른 방법으로도 정치에 영향을 미칠 수 있을까요?
선거가 없는 나라에서는 어떻게 해서 정부를 바꿀 수 있을까요?

제5장 정치사상 ... 81
정치사상이란 어떤 것을 의미할까요? 좌파와 우파는 무엇이고,
자본주의와 공산주의는 또 무엇일까요?
다양한 정치사상들끼리 어떤 점이 같고 어떤 점이 다를까요?

제6장 중요한 질문들　　　　　　　　　　　　　　　　　　　　　　　95

우리가 일상생활에서 접하는 여러 가지 문제는 정치와 어떻게 연관되어 있을까요? 이 문제들을 해결하기 위해 정치는 무엇을 할 수 있을까요?

인권은 어떻게 지킬 수 있나요?　　　　　　　　　　　　　　　　　96
전쟁이 필요한 경우도 있나요?　　　　　　　　　　　　　　　　　98
왜 어떤 나라는 가난한가요?　　　　　　　　　　　　　　　　　　100
테러리즘이 뭐예요?　　　　　　　　　　　　　　　　　　　　　102
교도소는 왜 필요한가요?　　　　　　　　　　　　　　　　　　　104
표현의 자유가 뭐예요?　　　　　　　　　　　　　　　　　　　　106
언론은 정치에 어떤 영향을 주나요?　　　　　　　　　　　　　　108
이민자는 어떤 사람들이에요? 난민은요?　　　　　　　　　　　　110
나는 페미니스트일까요?　　　　　　　　　　　　　　　　　　　112
환경 문제는 누가 책임져야 할까요?　　　　　　　　　　　　　　114
부정부패를 어떻게 없앨 수 있을까요?　　　　　　　　　　　　　115
내 주장을 펼치는 방법　　　　　　　　　　　　　　　　　　　　116
토론에 참여하기　　　　　　　　　　　　　　　　　　　　　　　118
이제 해야 할 일은?　　　　　　　　　　　　　　　　　　　　　119

낱말 풀이　　　　　　　　　　　　　　　　　　　　　　　　　　120
찾아보기　　　　　　　　　　　　　　　　　　　　　　　　　　124
만든 사람들　　　　　　　　　　　　　　　　　　　　　　　　　128

정치가 뭐예요?

누가 어떤 방식으로 나라를 이끄는가를 이야기할 때 사람들은 '**정치**'라는 말을 써요. 하지만 정치는 그것뿐이 아니에요. 온갖 종류의 크고 작은 집단 안에서 사람들의 의견을 모으고 갈등을 해결하는 일도 정치에 속해요.

예를 들어 볼까요? 여기 작은 운동 팀이 있어요.

이 운동 팀은 공동의 목표를 가지고 있어요.

경기에서 이기자!
그래야 살도 빠지고!
재미도 있고!

하지만 그 목표를 이루기 위한 방법에 대해서는 선수마다 의견이 엇갈려요.

일주일에 다섯 번은 훈련해야 해.

그렇게 많이? 나 피아노 학원 가야 하는데.

우리 아빠한테 감독을 맡아 달라고 부탁하자.

아냐. 유명한 감독님을 모셔 오자.

의견이 서로 달라도 선수들은 함께 노력해야 해요. 목표를 이루고 싶은 마음은 같으니까요.

공격수는 내가 맡을게!

싫어, 내가 할래!

우리가 이길 수만 있다면 누가 맡든 난 상관없어!

한 집단의 구성원들이 함께할 수 있도록 의견을 조율하는 것, 그것이 바로 정치예요.

집단마다 의견을 조율하는 방식이 정해져 있어요.
그래서 갈등이 생길 때마다 같은 방식으로 결정을 내릴 수 있지요.

이를테면, 운동 팀을 이끌어 가는 문제에 대해서는 주장인 선수가 모든 결정을 내리도록 하는 거예요.

이번 경기에서는 너희 둘이 같이 수비수를 맡아.

그래, 알겠어.

좋아.

이러한 방식을 '**정치 체제**'라고 불러요.

때로 집단의 구성원들이 정치 체제를 바꾸고 싶어 하기도 해요.

주장은 앞으로도 쭉 나야.

아냐, 내 차례야!

근데 주장이 꼭 있어야 해?

이것 또한 정치예요.

이 운동 팀과 같이 공동의 목표나 공통점을 가진 여러 사람이 모여 이룬 집단을 '**사회**'라고 해요. 사회 안에서는 언제나 각자 자기 방식대로만 살아갈 수는 없어요. 함께 결정을 내리고 그 결정을 지키며 살아가기 위해서는 정치 체제가 있어야 해요. 그래서 정치가 꼭 필요한 거예요.

정치는 어디에나 있어요

정치에 관한 이야기를 나눈다는 것은 대개 한 나라 같은 커다란 사회에 관한 이야기를 나눈다는 뜻이에요. 커다란 사회 안에서 정치는 우리 일상생활의 거의 모든 면과 밀접하게 연결되어 있거든요.

노동

- 직업이 없는 사람에게 실업 급여를 줘야 할까?
- 학교가 쉬는 날에는 부모도 휴가를 받아야 할까?
- 최저 임금은 얼마여야 할까?
- 몇 살까지 일해야 할까?
- 외국인 노동자를 몇 명이나 허가해야 할까?

교통

- 운전은 몇 살부터 가능해야 할까?
- 어린이는 버스 요금이 무료여야 할까?
- 이 도시에 공항을 새로 지어야 할까?
- 자전거 헬멧 착용은 의무여야 할까?

경제

- 은행은 어떤 사람에게 돈을 빌려주어야 할까?
- 우리 사회는 빈부 격차가 심한가?
- 세금을 얼마나 내야 할까?
- 물건 가격이 오르지 못하도록 막아야 할까?
- 사람들의 살림살이를 나아지게 할 방법은 무엇일까?

주택

- 집 없는 사람들을 도울 방법은 무엇일까?
- 전셋값이 너무 비싼가?
- 집을 짓는 일은 누가 맡아야 할까?
- 주택 안전 기준을 어떻게 정해야 할까?

문화

- 텔레비전에 어떤 방송을 내보낼지 누가 결정해야 할까?
- 신문에는 어떤 내용이든 다 실을 수 있을까?
- 박물관 입장료는 무료여야 할까?
- 관광객을 더 받아들여야 할까?
- 청소년들이 운동을 더욱 즐기게 만들 방법은 무엇일까?

법질서

- 경찰이 총을 지니고 다녀야 할까?
- 흡연을 불법으로 규정하는 것이 좋을까?
- 결혼은 남녀 사이에만 합법이어야 할까?
- 범죄자가 교도소에 갇혀 있는 기간은 누가 결정해야 할까?

누가 결정을 내릴까요?

커다란 사회 안에서 누가 중요한 결정을 내릴지는 정치적으로 엄청나게 중요한 문제예요. 어떤 사람이 어떤 결정을 내리느냐에 따라 나머지 사람들이 해야 하는 일이 달라지기 때문이지요. 물론 우리는 꼭 남이 시키는 대로 하지 않아도 되긴 해요. 하지만 힘이나 권력을 가진 사람에게 "싫어요."라고 말하기는 어렵지 않겠어요?

그냥 힘만 가진 사람은 상대방에게 겁을 주면서 강요할 수 있어요.

권력을 가진 사람은 상대방에게 강요할 필요가 없어요. 한 집단에 속해 있다는 것은 그 집단에서 권력을 가진 사람의 결정에 따르기로 이미 동의한 셈이니까요.

누가 권력을 가질까요?

공정한 사회라면 중요한 결정을 내리는 사람은 단순히 힘이 아니라 반드시 권력을 가져야 해요. 권력을 가진 사람은 다른 사람들에게 어떤 행동을 하라고 지시할 수 있어요. 그 사회의 구성원들은 이 점에 동의해야 해요. 그래야만 그 사회의 정치 체제가 제대로 작동할 수 있으니까요.

누군가 여러분에게 어떤 행동을 하라고 말할 때가 있지요. 어떤 사람인지 떠올려 보세요. 그중에서 진짜로 권력을 가진 사람은 누구누구인가요? 모두 몇 명이나 되나요?

정부가 뭐예요?

한 나라 같은 커다란 사회에서 '누가 결정을 내릴까요?'라는 질문의 답은 바로 **정부**예요. 정부는 단 한 사람일 수도 있고, 여럿이 모인 집단일 수도 있어요. 어느 쪽이든, 정부는 사회가 어떤 방향으로 나아갈지에 대해 최종적으로 결정을 내리곤 하지요.

정부의 형태는 나라마다 제각각 달라요. 예를 들어 볼게요.

1700년대 말까지 프랑스는 **왕**이 다스렸어요. 사람들은 신이 왕에게 나라를 다스릴 권력을 내려 주었다고 믿었어요.

중세 시대 이탈리아의 도시 국가 시에나는 부유한 상인들로 이루어진 **의회**가 다스렸어요. 의회의 구성원은 두 달에 한 번씩 바뀌었어요.

고대 그리스의 도시 국가 스파르타는 서로 가문이 다른 **두 명의 왕**이 다스렸어요.

중앙아프리카에 있었던 루바 왕국은 **여러 명의 추장과 한 명의 왕**이 다스렸어요.

사람들에게 어떤 행동을 하라고 지시하고 사람들이 이 지시를 받아들이게 하려면, 정부에 권력이 있어야 해요. 정부는 어떻게 해서 권력을 가지게 될까요? 전통을 통해 가질 수도 있고, 더 높은 존재를 통해 가질 수도 있고, 국민의 지지를 통해 가질 수도 있어요. 지혜로운 행동이 정부의 권력을 더 강하게 해 주기도 하지요.

우리 가문이 수백 년 동안 다스려 왔어.

우리 어머니가 여왕이니까, 그다음 여왕은 나야.

우리는 5년마다 선거를 치러서 대통령을 새로 뽑아.

전통

국민의 지지

우리 조상님이 이 도시를 세웠어.

우리를 뽑아 달라고 유권자를 설득해야 해.

우리가 권력을 가졌어. 가장 많은 표를 얻었으니까.

파라오는 신과 같아.

철학자들이 왕이 되어야 해. 무엇이 최선인지 꿰뚫고 있으니까.

더 높은 존재

지혜

왕은 이 세상에서 신을 대신하는 분이야.

정부에는 똑똑한 사람들만 있어야 해.

정부가 자신에게 권력이 있다고 내세울 때는 적절한 근거가 있어야 해요. 사회 구성원들이 모두는 아니더라도 대다수가 받아들일 수 있는 근거여야 하지요. 권력 그리고 그에 맞는 근거, 이 두 가지를 모두 가져야 정부로서 인정받을 수 있어요.

이게 무슨 민주주의야? 우리나라 사람들은 선거에서 계속 엉뚱한 사람을 뽑고 있잖아. 에잇!

때로 사람들은 지금의 정부를 인정하지 않고 정부가 바뀌기를 바라지요. 그럴 때 시위를 벌이며 개혁을 요구하기도 해요. 혁명을 일으키기도 하고요. 이 행동들이 모여 결국 새로운 정부가 탄생할 수도 있어요.

제1장
다양한 정부

   인류의 긴 역사 속에서, 어떤 형태의 정부가 가장 적합한지에 대한 논의는 끊임없이 이어졌어요. 정부의 형태 또한 계속해서 바뀌어 왔지요. 시간이 지남에 따라 서서히 바뀌기도 하고, 지금의 정부로는 도저히 안 되겠다고 여긴 사람들에 의해 갑자기 바뀌기도 했어요.

   제1장에서는 과거에 존재한 다양한 형태의 정부를 살펴볼 거예요. 고대 그리스에서 시작된 **민주주의**부터, 역사상 첫 대통령을 낳게 한 미국의 독립 전쟁까지 알아봅시다.

고대의 민주주의

그리스의 도시 국가 아테네가 처음 세워졌을 때는 그곳에서 제일가는 부자들이 아테네를 다스렸어요. 나머지 사람들은 그저 따라야 했지요. 약 2,700년 전, 아테네 사람들은 스스로 아테네를 다스리기로 결심했어요. 이로써 세계 최초의 **민주주의**가 탄생했답니다.

아테네 시민이라면 누구나 정치에 참여할 수 있었어요. 이때 시민이란 어떤 사람을 의미했을까요?

고대 그리스에서 민주주의란 단어는 '시민에 의한 지배'라는 뜻이었어요. 그런데 그 당시 시민이란, 부모님이 모두 아테네에서 태어났고 20세 이상이며 노예가 아닌 남자만을 가리켰어요. 아테네에 살던 사람들 가운데 10~20퍼센트만이 시민이었지요.

아테네의 정치 체제는 **평의회**와 **민회**라는 두 조직으로 구성되어 있었어요.

시민
(약 6,000명)

평의회

무작위로 추첨한 500명으로 이루어져요.

- 민회를 언제 열지 결정해요.
- 민회에서 무엇을 논의할지 결정해요.
- 법안을 제안해요.

민회

모든 시민이 참석하도록 권장해요.

- 중요한 문제에 관해 논의해요.
- 평의회가 제안한 법안을 통과시키거나 거부해요.

민회가 열리는 모습을 들여다볼까요? 아테네 시민들이 전쟁을 해야 할지를 두고 토론을 벌이고 있네요.

민회에 참석한 시민은 누구나 앞에 나가 의견을 말할 수 있었어요. 그 시민이 어떠한 사람인지는 전혀 상관없었어요. 단, 50세가 넘은 시민은 먼저 의견을 말할 수 있었지요. 나이는 조금 상관있었던 셈이네요.

말을 설득력 있게 잘하는 사람을 '**웅변가**'라고 해요.

어이, 건방진 애송이! 내가 먼저라고.

친애하는 아테네 시민 여러분! 전쟁에 반대표를 던집시다.

의견을 말하는 자리

민회는 프닉스 언덕에서 열렸어요. '프닉스'는 고대 그리스어로 사람들이 빽빽이 꽉 들어찼다는 뜻이에요.

의견을 말하는 데는 시간제한이 있어서 6분을 넘길 수 없었어요.

저 두 이디오테스 좀 봐!

늦었으니 서둘러요!

정치는 재미없어.

시민은 민회에 참석할 의무가 있었어요. 민회 안내원은 빨간색 물감을 묻힌 밧줄을 들고 다니며, 민회에 늦은 시민들을 재촉하거나 민회 도중에 시민들이 빠져나가지 못하게 했어요. 만약 누군가 옷에 빨간색 물감이 묻어 있다면 그것은 훌륭한 시민답게 행동하지 않았다는 표시였지요.

영어로 '바보'를 뜻하는 이디엇(idiot)은 고대 그리스어 이디오테스(idiotes)에서 온 말이에요. 이디오테스란 단어는 정치에 관심을 가지지 않고 자기 일에만 신경 쓰는 시민을 흉보는 의미로 쓰였어요.

로마 공화정

한편 이탈리아 반도에서는 로마가 거대한 도시 국가로 발전했어요. 처음에는 왕이 로마를 다스렸지요. 그러다 기원전 509년 귀족들이 반란을 일으켜 왕을 몰아내고 '**공화정**'이라는 새로운 형태의 정부를 세웠어요. 공화정은 왕이 없고 대신 사람들이 뽑은 대표자가 있는 정치 체제예요.

왕의 자리를 대신하기 위해 귀족들은 로마를 다스릴 사람을 두 명 뽑았어요.
이 사람들을 **집정관**이라고 했어요.

왕과 달리 집정관의 권력은 제한되어 있었어요.

집정관
한 사람의 권력이 너무 커지는 것을 막기 위해 두 명을 두었어요.

원로원
귀족들로 이루어진 기관으로, 집정관에게 조언을 했어요.

호민관
평민을 대표해서 그들의 목소리를 내세웠어요.

집정관, 원로원, 호민관은 서로를 견제하며, 한 사람이나 한 집단에만 권력이 쏠리지 않도록 했어요.

이러한 방식을 '**견제와 균형**'이라고 해요. 정부 안에서 각각의 기관이 서로서로 권력을 제한하는 것이지요.

일시적인 독재

로마 공화정에는 특이한 제도가 있었어요. 반란이나 침략, 전쟁 같은 비상 상황이 벌어지면 **딕타토르** 한 명을 뽑아 모든 권력을 맡겼지요. 원로원과 호민관의 간섭을 받지 않고 신속하게 결정을 내려서 위기를 극복하도록 한 거예요. 일종의 독재인 셈이에요. 딕타토르는 어디까지나 비상 상황일 때만 일시적으로 존재했어요.

하지만 딕타토르가 언제나 원래 의도대로 되지는 않았어요. 로마의 마지막 딕타토르인 율리우스 카이사르는 비상 상황이 끝나도 물러나지 않았지요. 그러더니 스스로 평생 동안 딕타토르 자리에 있기로 정해 버렸어요. 비록 얼마 지나지 않아 암살당했지만 말이에요. 오늘날 독재는 옳지 않은 것으로 여겨지고 있어요.

로마 제국과 황제

로마는 갈수록 막강해졌어요. 다른 나라를 침략해 영토를 넓히고, 제국이 되어 드넓은 땅을 지배했어요. 그러나 정작 로마 안에서는 공화정이 서서히 무너졌어요. 결국 기원전 27년에는 황제가 등장해 로마를 다스리게 되었어요.

황제가 다스리는 영토는 점점 늘어나 유럽 대부분을 차지하기에 이르렀어요.
1,800년 전, 로마 제국의 영토가 가장 넓었을 때의 지도예요.

로마 제국은 영토를 여러 개의 속주로 나누고 각각의 속주에 총독을 보내 관리하게 했어요.

황제는 수도인 로마에 머물며 나라를 다스렸고 누구보다도 큰 권력을 휘둘렀어요. 황제가 발표하는 말은 자동으로 법이 되었어요.

독수리는 로마의 상징이었어요. 군대의 깃발에도 독수리를 그려 넣곤 했지요.

속주에 사는 사람들은 황제에게 세금을 바쳐야 했어요. 그래도 사실 이들은 꽤 많은 자유를 누리며 살았어요.

로마군은 외부의 침입을 막고 영토를 더욱 넓혀 갔어요. 영토가 어찌나 넓은지 수도인 로마에서 전부 다스리지 못할 지경에 이르렀지요. 결국 285년 로마 제국은 둘로 나뉘기 시작했고, 4세기 경 두 명의 황제가 서로 다른 도시에서 각각 다스리게 되었어요.

로마 제국은 광활한 영토와 수많은 사람을 다스렸어요. 오늘날 웬만한 나라는 비교도 할 수 없을 정도지요. 로마 제국이 어떻게 해서 나라를 잘 다스릴 수 있었는지 볼까요?

로마 제국 주변에 30개의 군부대가 있고, 각 군부대에는 군인 5,000명이 있어. 사람들은 군인이 무서워서 질서를 잘 지키지.

장군

나는 최신식 하수관과 경기장이 갖추어진 신도시를 짓고 있어. 이 신도시가 얼마나 멋진지 보면, 사람들은 정부에 불평하지 않을걸.

건축가

나는 수년 동안 로마 군인으로 일했어. 그 대가로 로마 시민권을 받았지. 특별한 사람이 된 기분이야!

로마 가까이 사는 전직 군인

로마는 내가 이 지역에서 계속 중요한 자리에 있게 해 줬어. 그냥 이대로 죽 살아도 되겠군.

속주의 원래 지도자

나는 로마 군인이었어. 군대에서 은퇴하자 이 지역에 토지를 받았지.

우리는 속주에 훌륭한 로마 문화를 선보이는 셈이야.

그리고 속주에서 누가 말썽을 피우면 황제께 알리기도 하지.

외곽에 위치한 속주에 사는 로마인 가족

19

중국의 능력주의

아시아에도 황제가 넓은 영토를 다스리는 나라가 있었어요. 바로 중국이었지요. 중국의 황제는 막강한 군대를 통해 권력을 손에 쥐었어요. 하지만 실제로 정부의 일들을 맡아 하는 사람은 뛰어난 실력을 갖춘 **관리**들이었어요. 중국은 7세기부터 시험을 통해 관리를 뽑았어요. 가장 똑똑한 사람만 시험을 통과할 수 있었지요. 이렇게 집안이나 고향 등에 관계없이 실력에 따라 평가하는 것을 '**능력주의**'라고 해요.

정부 관리가 되려면 몇 년 동안 국립 학교에서 열심히 공부해야 했어요. 읽어야 하는 책도 무척 많았어요.

"네 시간짜리 서예 수업을 막 끝마쳤다네!"

시험은 잔인할 정도였어요. 시험을 본 3,000명 가운데 오직 한 명만 통과했거든요.

시험에서 부정행위를 저지르면 사형에 처해졌어요.

시험에 통과한 사람은 하급 관리가 되었어요. 더 높은 관리가 되기 위해서는 시험을 아홉 번 더 치러야 했지요.

"머리가 터져 버릴 것 같아!"

19세기 이전까지 유럽에서는 왕의 일가친척이 정부에서 일했어요. 이렇게 집안을 따지는 것을 '**족벌주의**'라고 해요. 그러다 중국의 영향을 받아서 유럽도 실력을 갖춘 관리를 뽑기 시작했어요. 하지만 능력주의에도 문제점은 있답니다.

"뭐가 문제라는 거야? 능력 있는 사람이 나라를 다스리는 게 맞잖아."

"너야 좋겠지. 하지만 나는 가난해서 배울 수도 없어. 그러니 재능을 타고났다 해도 기회를 얻을 수가 없는걸."

"나는 성적은 높지 않아. 그래도 일은 정말 잘할 수 있는데."

"공부 벌레가 무슨 소용이야? 미래를 내다보는 지혜가 있어야지!"

봉건 제도

1066년에 해럴드 2세가 잉글랜드의 왕위에 올랐어요. 그런데 프랑스에 있던 노르망디 공작 윌리엄은 자신이 왕이 되어야 한다고 생각했어요. 윌리엄은 잉글랜드로 건너가 해럴드 2세를 죽이고 왕위에 올라 윌리엄 1세가 되었어요. 그에게는 '정복왕 윌리엄'이라는 별명이 붙었지요.

윌리엄 1세는 잉글랜드를 다스릴 방법을 찾아야 했어요. 외국에서 온 왕에게 충성하려는 사람은 아무도 없었거든요. 윌리엄 1세는 **'봉건 제도'**에서 답을 찾았어요. 왕이 다스리는 정치 체제를 **'군주 제도'**라고 하는데 그중 한 종류가 봉건 제도예요. 잉글랜드를 비롯해 유럽에서 수백 년 동안 계속된 봉건 제도는 이러한 방식으로 이루어졌어요.

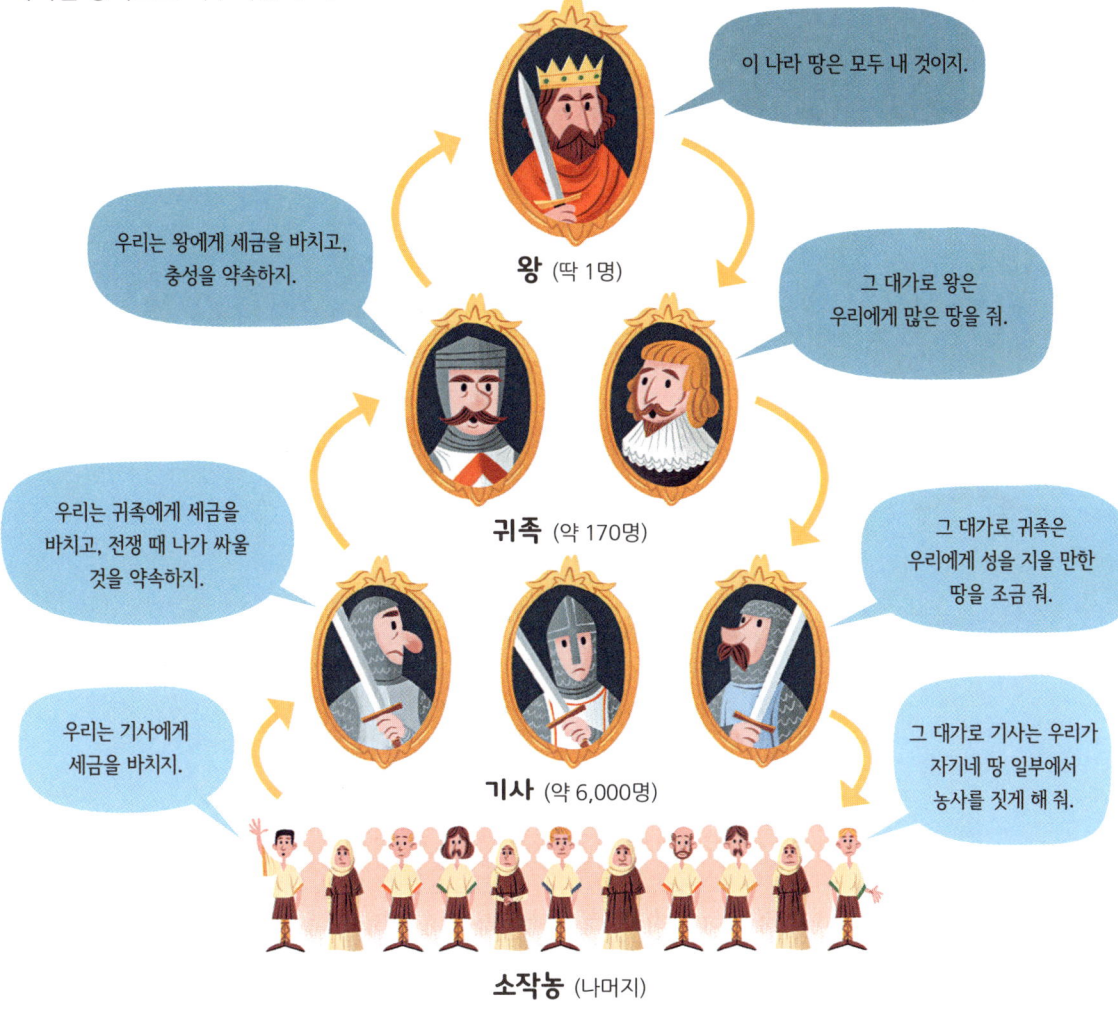

소작농에게는 불리하다 해도 어쨌든 봉건 제도는 언뜻 꽤 안정적으로 보여요. 하지만 실제로는 윌리엄 1세에게 반란을 일으키는 사람들도 있었지요. 왕으로서 막대한 권력을 가진 윌리엄 1세는 원하는 것은 무엇이든 다 할 수 있었고, 반란을 억누르기 위해서 자주 군대를 동원했어요.

절대 왕정

'절대 왕정'은 왕이 혼자 모든 권력을 손에 쥐고 있는 것이에요. '절대주의', '절대 군주제'라고도 해요. 17세기와 18세기 유럽에서 일반적인 정치 체제였지요. 절대 왕정에서 가장 유명했던 왕은 프랑스의 루이 14세(1643~1715년)예요. 루이 14세는 권력을 더 많이 가지기 위해 온갖 방법을 동원했어요.

내가 써먹은 방법을 봐. 절대 왕정에는 절대 충성이 어울리지!

전쟁 일으키기
루이 14세는 많은 돈을 쏟아부어서 프랑스군을 유럽에서 가장 힘이 세고 가장 뛰어난 무기를 갖춘 군대로 키웠어요. 그리고 주변 나라들을 침략해 전쟁을 벌였어요.

과시하기
루이 14세는 웅장한 궁전을 지었어요. 그리고 자신이 막강한 왕으로 묘사된 초상화를 그리게 했지요.

세금 걷기
루이 14세는 세금 제도를 개혁해서 더 많은 돈이 자신에게 직접 들어오도록 했어요.

반대파 짓밟기
루이 14세는 반대파들을 마구 탄압했어요. 특히 자신과 달리 가톨릭을 믿지 않는 사람들을 겨냥했어요.

충성스러운 조언자 두기
예전에는 돈도 많고 권력도 가진 귀족이 왕 옆에서 조언자 역할을 했어요. 하지만 루이 14세는 덜 부유한 사람을 조언자로 뽑았어요. 조언자가 왕에게 의존하는 입장이어야 왕의 뜻에 반대할 가능성이 적기 때문이었지요.

신을 내세우기
루이 14세는 그의 부모가 결혼한 지 23년 만에 태어났어요. 사람들은 루이 14세가 신이 내린 선물이라고 생각했지요. 루이 14세도 그렇게 믿었어요. 그래서 자신이 나라를 다스릴 권리는 신이 준 것이라고 주장했어요.

정부에 권력 집중하기
루이 14세가 왕위에 오르기 전, 수도에서 멀리 떨어진 지역은 자체적인 법과 세금 제도가 있었어요. 하지만 루이 14세는 나라 구석구석까지 모두 정부가 시키는 대로만 하게 만들었어요.

귀족을 다루는 비결

루이 14세의 큰 골칫거리는 왕의 자리를 위협하는 귀족들이었어요. 힘이 막강한 귀족들은 루이 14세의 아버지인 루이 13세에게 반역을 일으킨 적도 있었어요. 폭동도 여러 번 일어났어요. 루이 14세는 귀족들이 큰 권력을 가지지도, 반역을 일으키지도 못하게 할 방법을 짜냈어요. 바로 골칫덩이 귀족들을 베르사유 궁전으로 불러들여 함께 살면서 직접 통제하는 것이었지요.

미국의 독립 전쟁

300년쯤 전에 영국은 북아메리카 동부의 해안 지역을 식민지로 만들어 다스렸어요. 1770년대 그곳에서 '**애국파**'라고 하는 영향력 있는 단체가 들고일어났어요. 그 당시 영국 의회에는 식민지에서 뽑은 대표자가 단 한 명도 없었거든요. 이들은 스스로를 다스릴 권리를 요구했어요.

1773년 영국은 차에 매기던 세금을 식민지 주민과 상의도 없이 올렸어요. 이 일이 계기가 되어 '보스턴 차 사건'이 일어나게 되었지요.

영국의 식민지였던 미국은 열세 개 주로 나뉘어 있었어요. 보스턴 차 사건이 일어난 뒤, 애국파는 자체적인 정부를 세우고 영국의 지배를 거부하기 시작했어요. 1776년 열세 개 주는 영국으로부터 독립을 선언했고, 이어서 **독립 전쟁**이 일어났어요.

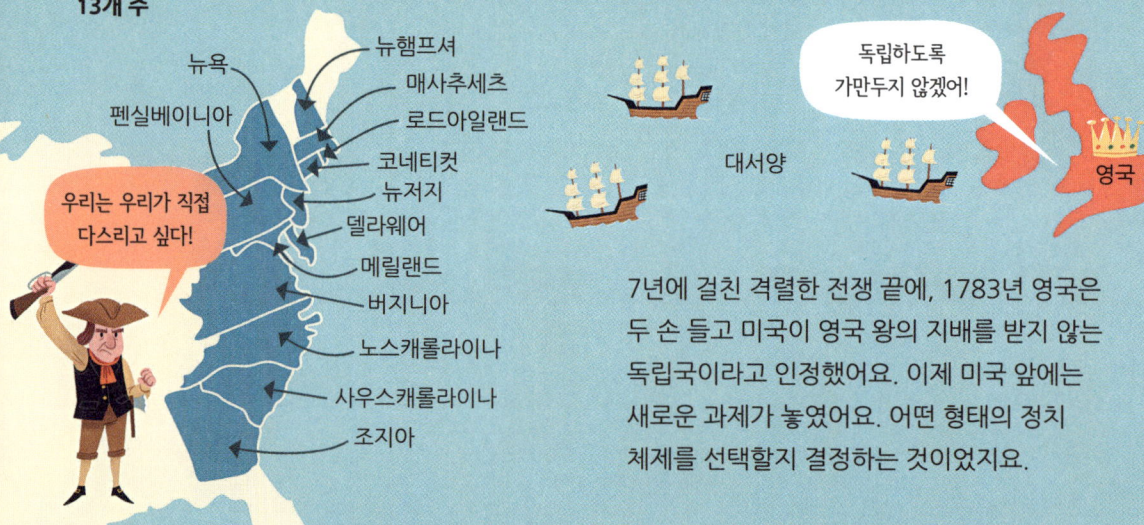

7년에 걸친 격렬한 전쟁 끝에, 1783년 영국은 두 손 들고 미국이 영국 왕의 지배를 받지 않는 독립국이라고 인정했어요. 이제 미국 앞에는 새로운 과제가 놓였어요. 어떤 형태의 정치 체제를 선택할지 결정하는 것이었지요.

새로운 헌법

전쟁을 치르는 동안, 각 주는 저마다 **헌법**을 만들었어요. 헌법은 한 나라에서 가장 근본이 되는 중요한 법으로, 그 나라의 정치 체제가 무엇인지도 헌법에 정해져 있어요. 1787년 열세 개 주의 대표들이 펜실베이니아주의 필라델피아에 모였어요. 새 정부에 필요한 헌법을 논의하는 자리였어요. 그중 세 명이 이렇게 제안했어요.

제임스 매디슨

알렉산더 해밀턴

벤저민 프랭클린

1788년 열세 개 주의 대표들은 이런 생각들을 모두 모아서 헌법을 만들었어요. 그리고 1789년 많은 논의를 거쳐 기본적 인권에 관한 열 가지 조항을 추가했어요. 이 열 가지 조항을 '**권리 장전**'이라고 해요.

미국 헌법에는 대통령과 대법관, 그리고 하원과 상원이 있어야 한다는 내용이 적혀 있어요. (42쪽에서 더 살펴보세요.)

권리 장전에는 개인의 권리와 각 주의 권리를 보장한다는 내용이 담겨 있어요. 단, 흑인이나 여성, 아메리카 원주민이 아닌 경우에 한해서였지요.*

---

*흑인, 여성, 아메리카 원주민의 권리는 시간이 한참 흐른 뒤에야 헌법에 포함되었어요.

대의 민주주의

미국의 헌법은 **민주주의**를 정치 체제로 삼았어요. 그런데 이 민주주의는 고대 아테네에서 최초로 선보였던 민주주의와는 사뭇 다른 **대의 민주주의**예요.

고대 아테네
(직접 민주주의)

미국
(대의 민주주의)

갓 독립한 미국은 고대 아테네보다 훨씬 규모가 크고 복잡한 사회였어요. 그래서 직접 민주주의를 따르기는 어려웠을 거예요. 하지만 그보다 더 근본적인 이유가 있었어요. 미국의 헌법을 만든 사람들 중 한 명인 존 애덤스는 이렇게 말했지요.

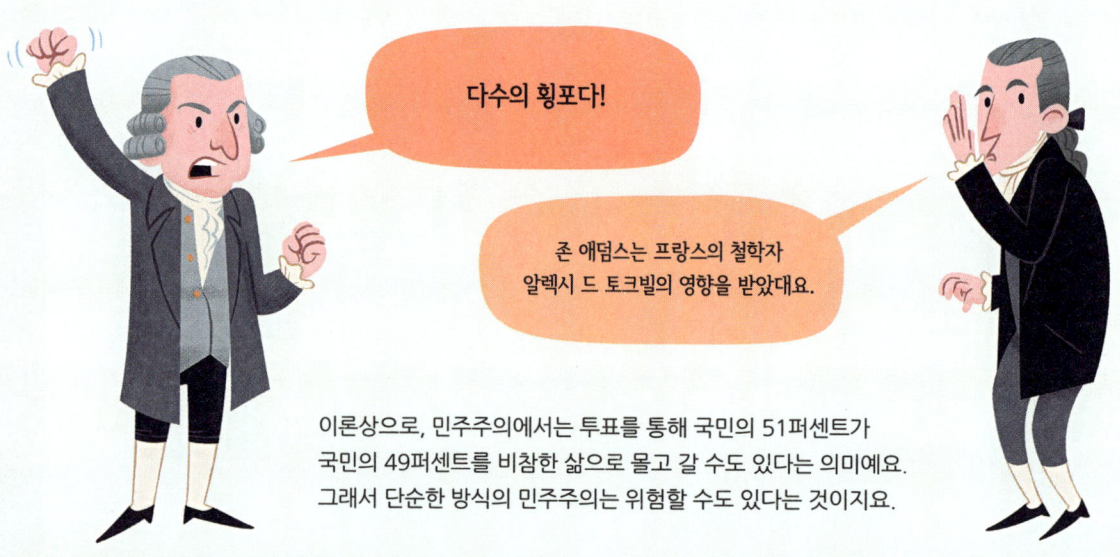

다수의 횡포를 막기 위해 미국의 헌법은 나라의 권력을 몇 군데에 나누어 놓았어요. 로마 공화정처럼 견제와 균형을 이루는 방식이에요. 42~43쪽에서 미국의 정치 체제에 대해 더 알아보세요.

오늘날 세계 대부분의 나라가 대의 민주주의를 따르고 있어요. 구체적인 내용은 나라마다 다른 점도 있지만 말이에요. 대의 민주주의가 직접 민주주의보다 좋은 이유를 몇 가지 뽑아 볼까요?

대표자가 갖추어야 하는 것

여러분은 여러분의 대표자가 누구인지 잘 모를 수도 있어요. 그래도 여러분의 대표자가 분명 있긴 있답니다. 여러분이 생각하는 대표자란, 쇼핑 목록을 건네면 대신 가서 사 오는 하인과 비슷한 사람일 수도 있지요.

하지만 많은 사람이 대표자란 그 이상이어야 한다고 믿어요. 대표자는 우리가 직접 하는 것보다 더 나은 결정을 내릴 수 있을 만큼 지혜로운 사람이어야 해요. 물론 언제나 예외는 있기 마련이지만 말이에요.

제2장
정치 체제

　한 나라의 **정치 체제**에 따라 그 나라의 정부가 어떤 형태인지가 달라져요. 누가 정부의 최고 책임자인지, 그 최고 책임자를 어떻게 뽑는지, 정부의 수많은 일을 어떻게 나누는지 등이 모두 정치 체제에 따라 정해지는 것이지요. 정치 체제는 나라가 하나로 뭉쳐 제 기능을 다할 수 있도록 짜여 있어요.

　완벽한 정치 체제는 없어요. 어떤 나라든 정치 체제에 무언가 흠이 있기 마련이에요. 때로는 정치 체제를 어떻게 바꿀지를 두고 다툼이 일어났다가 전쟁이나 혁명으로 이어지기도 해요. 아예 정부가 없는 편이 낫다고 생각하는 사람들도 있어요.

정치 체제의 종류

우리는 일상생활에서 온갖 종류의 다양한 정치 체제를 접해요. 평소에는 그런 사실을 잘 모르고 있겠지만 말이에요.

집에서
- 이 닦고 잠자러 가야지! 이건 명령이야!
- 우리 집엔 민주주의 같은 거 없단다.

절대 왕정이긴 한데 왕이 두 명 있는 것과 비슷한 상황이네요. (22~23쪽을 보세요.)

학교에서
- 교장 선생님: 학교 안에서는 내가 가장 힘 있는 사람이지!
- 담임 선생님: 교실 안에서는 내가 가장 힘 있는 사람이지!
- 반장: 나는 다른 학생들에게 지시할 힘이 있지.
- 학생: 우리는 아무런 힘이 없네.

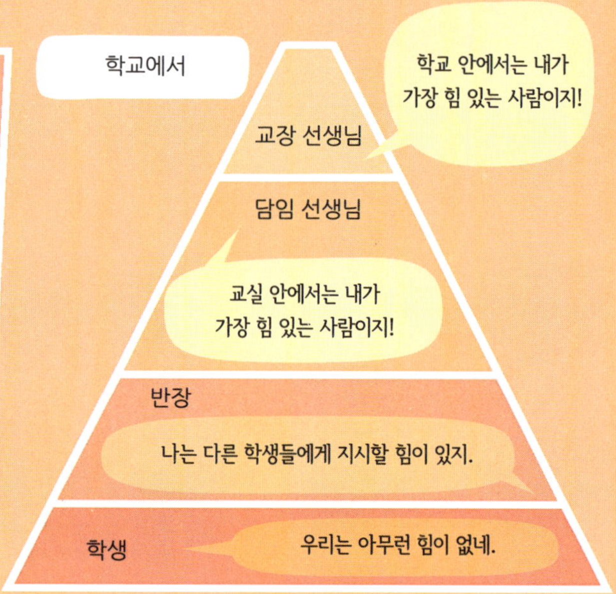

이 상황은 봉건 제도와 닮았군요. (21쪽을 보세요.)

때로는 정치 체제가 전혀 없는 것처럼 느껴지는 상황도 있어요.

- 그거 내 돈이야!
- 내가 주웠는데.
- 내 주머니에서 떨어졌다니까.
- 찾은 사람이 임자지. 잃어버린 네가 잘못이고.
- 내놔!
- 네가 뭔데?

- 우리 뭐 할까?
- 뭐든 괜찮아.
- 아무거나 네가 좋아하는 거 하자.
- 아무거나 괜찮은데.
- 그럼 네가 정해.
- 아냐, 네가 정해!
- 으이그! 이러니 제대로 놀지도 못하지.

정치 체제 만들기

한 나라 안에는 여러 집단이 있어요. 정치 체제는 각각의 집단을 공정하게 대해야 할 필요가 있지요. 또한 정치 체제는 모든 집단이 원활하게 돌아가도록 해야 할 필요도 있어요. 정치 체제는 이 두 가지 사이에서 균형을 잘 잡아야 해요. 정치 체제를 정하기 위한 기본적인 질문들을 살펴볼까요? 어떤 정치 체제는 이 질문들에 대해 전혀 다른 대답을 내놓으면서 탄생하기도 했어요.

대부분의 정치 체제는 결국 같은 목표를 가지고 있어요. 사람들을 외부의 침입으로부터 보호하고, 사람들 사이의 갈등을 해결하고, 사람들이 더 나은 삶을 살도록 하는 것이지요. 페이지를 넘겨 보세요. 이제부터 대표적인 정치 체제 몇 가지를 들여다볼 거예요.

독재주의

1800년대까지는 대부분의 나라가 막강한 권력을 가진 한 사람의 지배를 받았지요. 오늘날에도 여전히 그런 나라가 있어요. '독재 국가'라고 하는 나라들이에요. 독재 국가에서 최고 책임자인 사람을 '**독재자**'라고 하고 독재자가 있는 정치 체제를 '**독재주의**'라고 해요. 독재자는 마음대로 법을 만들 수 있어요. 자신의 권력을 굳건히 지켜 줄 법도 얼마든지 만들지요.
예를 들어, 이런 법들이에요.

반대표 막기
많은 독재자가 선거를 통해 권력을 손에 쥐어요. 언뜻 민주주의 국가로 보일 법하지만 사실은 그렇지 않아요. 독재자는 앞으로도 계속 선거에서 이기기 위해 다른 후보자는 결코 당선될 수 없는 새로운 선거 제도를 만들곤 해요.

모든 사람 감시하기
어떤 독재자는 비밀경찰을 엄청나게 많이 뽑아요. 비밀경찰은 주변에 있는 모든 사람을 감시하고 사람들이 나누는 이야기를 엿들어서 독재자에게 보고해요.

언론 통제하기
신문, 텔레비전, 라디오, 심지어 인터넷 방송까지 모두 검열을 받게 해요. 독재자가 사람들에게 알려 주고 싶지 않은 내용은 지워 버릴 수 있어요.

집회 금지하기
가족 모임보다 규모가 큰 집회는 경찰이 마음대로 해산시킬 수 있어요. 사람들이 모여서 혁명을 꾀할 틈을 주지 않기 위해서지요.

특히 심한 독재자는 사람들이 자신에게 무조건 복종하고, 심지어 자신을 영웅으로 찬양하도록 하는 법까지 만들어요. 이러한 법이 있는 나라를 '**전체주의 국가**'라고 해요.

비판 금지하기
독재자나 정부를 비판하는 내용을 말하거나 출판하는 사람은 체포해서 교도소에 가둬요.

김정은은 2014년에 아버지로부터 북한의 최고 책임자 자리를 물려받았어요. 북한은 전체주의 국가로 여겨지고 있지요.

군인에서 독재자로

때로는 군대의 높은 장군이 권력을 잡아 독재자가 돼요. 이 장군은 나라가 선거를 치를 준비가 될 때까지만 그 자리에 있을 거라고 변명할지도 몰라요. 하지만 진짜로 선거를 치를 때까지는 아마 수십 년이 걸리겠지요.

군대가 장악한 정부를 '**군사 정권**'이라고 해요.

아르헨티나는 1930년부터 1983년까지 군사 정권이 다스렸는데 군사 정권 안에서도 독재자가 자주 바뀌었어요.

신이 곧 법

종교 지도자가 나라를 이끄는 경우도 있어요. 이런 지도자는 군사 정권은 비교도 할 수 없을 정도로 엄청나게 많은 사람에게 지지를 받곤 해요.

종교법에 바탕을 둔 정치 체제를 '**신권 정치**'라고 해요. 종교법도 독재자가 만든 법 못지않게 가혹할 수 있어요.

1979년 이란에서는 독실한 이슬람교도들이 왕을 물러나게 했어요. 그러고는 종교 지도자인 아야톨라 호메이니를 정부의 새로운 최고 책임자로 선언했어요.

파시즘이 낳은 독재자

'**파시즘**'은 전체주의에 속하는 정치 체제의 하나로, 사람들에게 애국심을 호소하면서 점차 인기를 끌었어요. 그러면서 외국인을 미워하도록 부추기는가 하면, 사람들을 협박해서 선거 때 파시즘 정당에 투표하도록 만들었어요.

1919년 이탈리아에서 베니토 무솔리니가 세계 최초의 파시즘 정당을 세웠어요. 1922년 무솔리니는 총리가 되었고 1925년에는 자신을 독재자로 선언했지요.

공산주의

20세기에 '**공산주의**'라는 새로운 정치 체제를 실현시키려고 노력한 나라들이 있었어요. 이론상으로, 공산주의에서는 모든 사람이 음식, 옷, 집 등의 재산을 평등하게 똑같이 나눠 가져요. 하지만 현실은 달랐지요. 공산주의는 많은 변화를 불러오긴 했지만 결국 완벽하게 평등한 사회를 이루지는 못했어요.

공산주의의 핵심 내용은 독일의 철학자이자 경제학자인 카를 마르크스가 발전시켰어요. 1848년에 나온 책 『**공산당 선언**』에 그 내용이 담겨 있지요.

이 세계는 불공평해! 대부분의 사람은 **노동자**가 되어 온갖 일을 도맡아 하는데, 소수에 불과한 **자본가**는 노동자를 쥐어짜서 돈을 챙기잖아.

언젠가는 노동자들이 들고일어나 저 사악한 자본가들을 쓰러뜨릴 거야!

20세기에 몇몇 나라에서는 강한 의지를 가진 공산주의 지도자들이 마르크스의 생각에 영향을 받은 많은 사람을 한데 모았어요. 이들은 권력을 함부로 휘두르던 정부를 무너뜨리고 공산주의 국가를 세웠어요.

블라디미르 레닌(러시아)
인민위원회 의장
1917~1924년

마오쩌둥(중국)
공산당 주석
1949~1976년

피델 카스트로(쿠바)
공산당 제1서기
1961~2011년

호찌민(베트남)
공산당 주석
1945~1969년

계급 투쟁

마르크스는 사회가 '**계급**'이라는 여러 집단으로 구성되어 있다고 보았어요. 왕과 귀족은 상층 계급, 공장을 가진 사람이나 돈을 많이 받는 직업을 가진 사람은 중간 계급에 속해요. 거의 모든 일을 맡아 하면서도 돈은 눈곱만큼 적게 받는 대다수 사람은 노동 계급이지요. 공산주의는 노동 계급의 권리를 위해 싸우는 것을 목표로 했어요.

레닌을 비롯한 공산주의 지도자들은 노동 계급으로부터 폭발적인 지지를 받았어요.

러시아 공산당의 깃발
농민을 상징하는 낫
공장 노동자를 상징하는 망치

어마어마하게 많은 공산주의자가 함께 저항해서 상층 계급 대부분을 교도소에 가두거나 처형하거나 추방해 냈어요.

부유한 상층 계급의 저택들은 이제 정부의 것이 되었어요.

중간 계급과 노동 계급은 자신의 재산을 마음대로 팔 수 없었어요. 대신 모든 것을 정부에 내놓았지요.

노동 계급을 대표하는 새로운 지도자들이 권력을 잡았어요. 그런데 이 지도자들 중에는 중간 계급 출신도 많았어요.

정부는 모든 것을 똑같이 나누었어요.

공산주의는 사람들이 하나같이 열심히 일하고 남을 속이지 않는다고 믿어요. 하지만 실제로는 경제가 어려워지자 사람들은 서로를 속였어요.

공산주의 지도자들은 굶주림과 전쟁에 대처해야 했어요. 나라가 공산주의 이론대로 굴러가도록 하기 위해 급기야 이들은 전체주의 국가의 독재자나 다름없는 전략을 동원했지요. 심지어 독재자보다 더욱 잔혹할 때도 많았어요.

이 양반이 예전 정치 체제를 무너뜨릴 때 우리도 도왔잖아. 어때, 새로운 정치 체제가 더 나은 것 같아?

쉿! 지도자를 흉보지 마. 그러다 잡혀갈지도 몰라.

제국과 식민지

19세기에서 20세기에 걸쳐, 유럽의 많은 나라가 세계 곳곳의 다른 나라들을 정복해 거대한 **제국**을 이루었어요. 이렇게 해서 정복된 나라들은 자체적인 정부를 가질 수 없었고, '**식민지**' 또는 '**속국**'이라고 불렸어요.

20세기 초, 전 세계의 유럽 식민지를 나타낸 지도예요.

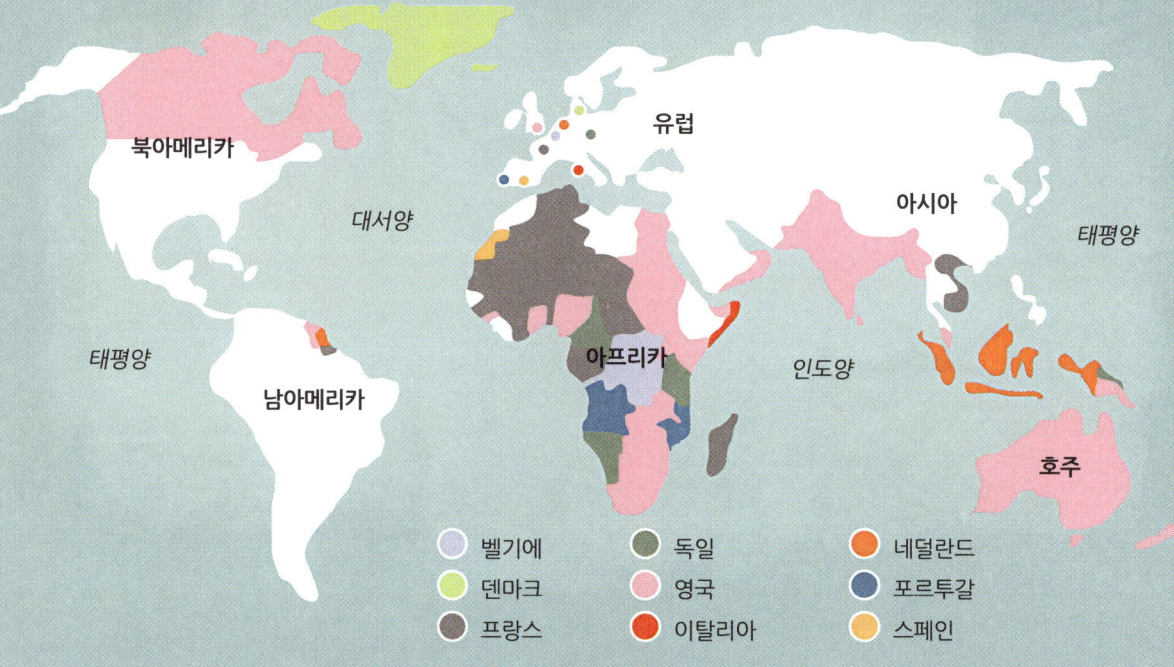

제국들이 식민지를 다스리는 데는 다양한 방식이 있었어요.

직접 다스리기

제국의 정부가 자기 나라의 정치 체제에 따라 직접 다스리는 방식이에요.

프랑스는 모든 식민지에 이 방식을 적용했어요.

식민지 사람 이용하기

자기 입맛에 맞는 식민지 사람을 뽑아서 지시에 따라 다스리게 하는 방식이에요.

영국은 인도에 이 방식을 적용했어요.

정착시키기

유럽 사람들이 직접 식민지에 가서 살며 정부를 세웠어요. 식민지 사람은 결코 참여할 수 없었어요.

이 방식으로 영국 사람들이 남아프리카에 정착했어요. 이 깃발은 당시 영국이 세운 남아프리카 식민지의 깃발이에요.

제국이 저지른 폭력

유럽은 군대를 이끌고 다른 나라를 쳐들어가 식민지로 만들고, 독재적으로 다스렸어요. 유럽은 자신들의 생활 방식이 식민지 사람들의 생활 방식보다 우월하다고 믿었어요. 심지어 식민지 사람들을 잘 가르쳐 주는 것이 유럽의 의무라고 믿기까지 했어요. 그러나 유럽이 원하는 것은 결국 식민지에서 곡식과 광물을 마구 가져와 돈을 벌고, 다른 제국들과 경쟁할 힘을 얻는 것이었지요.

유럽의 제국들은 식민지에서 권력을 지키기 위해 다양한 방법을 썼어요.

언어와 종교 이용하기

제국이 식민지에서 벌이는 모든 일은 제국의 언어를 통해 진행되었어요. 그래서 식민지 사람들은 제국의 일에 손대기 힘들었지요.

또한 식민지 사람들에게 제국의 문화를 따르도록 강요했어요. 심지어 종교까지 바꾸게 했어요.

국경선으로 가르기

식민지는 빼놓고 제국들끼리 논의해서 멋대로 국경선을 정했어요. 새로 그은 국경선이 지나가는 지역은 졸지에 둘로 갈라지게 되었어요.

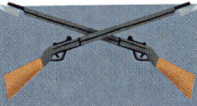

땅 빼앗기

제국에서 온 사람들이 식민지에서 가장 좋은 땅을 차지해서 많은 돈을 벌었어요. 그러면서 식민지 사람들이 돈을 버는 것은 방해했어요.

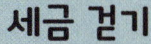

새로운 적 만들기

식민지에 사는 소수 민족의 지도자를 정부 관리로 임명하기도 했어요. 이 소수 민족은 식민지 안에서 미움을 받는 대상이 되었지요.

세금 걷기

식민지 사람들에게 세금을 바치게 했어요. 이렇게 식민지에서 걷은 세금은 제국 본토에서 쓰였어요. 식민지를 위해 쓰이는 돈은 거의 없었어요.

제국의 종말

20세기에 많은 식민지가 독립 운동을 벌였어요. 제국은 정당한 정부 형태가 아니라는 데 전 세계적으로도 의견이 모아졌지요. 그러나 식민지였던 많은 나라가 아직도 그 후유증으로 고통받고 있어요. (75쪽, 90쪽, 101쪽에서 더 알아보세요.)

민주주의의 과정

오늘날에는 대부분의 나라가 민주주의 국가예요. 고대 아테네에서 그랬듯, 민주주의 정치 체제는 나라를 다스리는 데 국민이 영향을 미치고 중요한 결정을 내리도록 짜여 있어요. 오늘날 민주주의의 가장 일반적인 형태인 **대의 민주주의**는 어떤 식으로 굴러가는지 살펴봅시다.

국민
(국민 중에서도 선거권을 가진 유권자만 해당돼요. 제3장에서 더 알아보세요.)

국민이 투표를 해서 대표자를 뽑아요. 이것이 바로 **선거**지요.

대표자*

여러분을 대신해서 이런 일을 하려고 우리가 뽑힌 거죠.

선거에서 뽑힌 대표자들이 **법안**을 준비해요. 법안이란 새로운 법으로 만들어졌으면 하는 내용을 정리한 것이에요.

언론
(신문, 텔레비전, 라디오 등)

언론들은 대표자들이 어떤 법안을 제출했는지 설명하고, 그 법안에 대한 전문가의 의견을 소개해요.

준비를 마치면 법안을 국회에 제출해요.

신문과 뉴스는 중립적인 목소리를 내려고 노력해요. 하지만 그래도 선입견이 조금이라도 들어가기 마련이에요. 사실과 의견이 섞이게 되지요.

국회는 오늘 환경을 보호하기 위해 새로운 세금을 걷는 법안을 논의했습니다.

국회는 오늘 운전자에게 새로운 세금을 내게 하는 법안을 논의했습니다.

국민

사람들은 뉴스를 접하고 다양한 반응을 보여요. 그렇게 **여론**이 생겨나요. 물론, 서로 다른 여론이 동시에 생길 수도 있어요.

대표자

대표자들은 국회에서 법안을 통과시킬지 결정하기에 앞서 여론과 언론에 귀를 기울여요. 만약 여론을 무시하거나 별로 인기 없는 쪽을 편들면 다음 선거에서 떨어질지도 몰라요.

세금? 나 화났어!

난 기쁜데!

*이 예시에 등장하는 대표자는 국회의원이에요.

굉장히 중요한 결정을 내려야 할 때 정부는 온 국민에게 의견을 물어보기 위해 투표를 실시하기도 하지요. 이것을 '**국민 투표**'라고 해요.

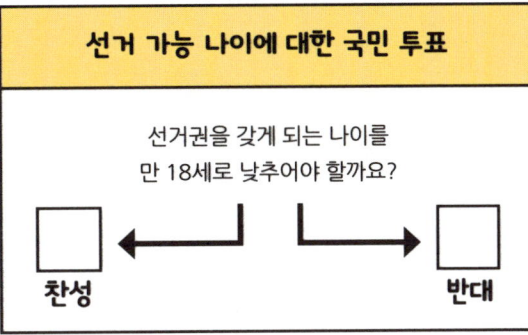

국민 투표를 실시하겠다니, 이해가 안 돼. 너무 어려운 문제라서 다들 제대로 결정하기가 힘들 거라고.

너, 투표 결과가 마음에 안 드는 쪽으로 나올까 봐 그렇게 말하는 거잖아.

스위스처럼 작은 나라에서는 국민 투표를 자주 실시해요. **직접 민주주의**의 좋은 예가 바로 스위스지요.

다수결의 원칙

민주주의는 단순해요. 누구든, 무엇이든 간에 선거에서 표를 가장 많이 얻는 쪽이 이겨요. 이것을 '**다수결의 원칙**'이라고 해요. 그런데 때로는 다수결로 이긴 쪽이 대부분의 사람이 바라는 것과 거리가 멀 수도 있어요. 예를 들어, 이런 경우지요.

선거와 투표에 대해서는 제3장에서 더 알아보세요.

삼권 분립

선거에서 뽑힌 대표자라고 해서 나라의 권력을 다 가지게 되는 것은 아니에요. 민주주의 국가에서는 어느 한 사람이나 한 집단에 권력이 쏠리지 않도록 주의해요. 그래서 권력을 행정부, 입법부, 사법부 이렇게 세 군데로 나누어 서로 견제와 균형을 이루게 하고 있어요. 이를 '**삼권 분립**'이라고 해요.

행정부

정책과 법을 실행해요. 나라 살림을 맡아 하는 것이지요. 우리가 정부라고 할 때는 대개 행정부를 가리키는 거예요.

대통령 또는 **총리** 한 사람이 중심이 되고 '**내각**'이라는 조직이 뒷받침을 해요.

법안을 만들어 입법부에 제안해요. 또 입법부가 통과시킨 법안이 마음에 들지 않으면 거부해요. 하지만 직접 법안을 통과시킬 수는 없어요.
그 일은 입법부의 몫이에요.

입법부

새로운 법을 만들어요. 이것을 '**입법**'이라고 해요. 현실과 잘 맞지 않는 법은 고치거나 없앨 수도 있어요. 그리고 행정부가 나라 살림을 제대로 하고 있는지 꼼꼼히 살펴봐요.

여러 **정당**으로 이루어져 있어요. 정당끼리 서로 다른 의견을 내세울 때가 많아요.

사법부

재판을 열어 법에 따라 판결을 내려요. 또 어떤 법이 헌법에 어긋나지 않는지 판단하는 일도 해요.

공정하게 재판을 할 수 있도록 행정부와 입법부로부터 독립되어 있어요.

사법부의 법관은 선거로 뽑지 않아요. 법에 정해진 일정한 기준에 따라 임명하지요.

행정부, 입법부, 사법부는 어떤 식으로 함께 일할까요?

입법부는 법안을 두고 토론을 벌여요.

"쓰레기가 너무 많아요! 과대 포장을 금지하는 법을 만들면 좋겠어요. 의견을 나눠 봅시다."

"좋은 생각이군요. 왜냐하면……."

"누가 이득을 보게 되죠?"

"말도 안 되는 생각이에요. 왜냐하면……."

"임시로 시행해 보면 어때요?"

찬성 / 질문

"저는 동의해요!"

입증

"실제로 많은 사람이 원하는 걸까요?"

"통계 자료를 보여 주시겠어요?"

반대

"효과가 있을 것 같지 않아요."

이렇게 의견이 오가는 과정은 우리가 '정치'라는 말을 들었을 때 흔히 떠올리는 모습이지요.

토론을 마치고 투표를 해요.

"이 법안에 찬성하시나요?"

"네." "아니요."

행정부는 새로운 법을 실행해요.

내각 →

"이 법을 사람들에게 널리 알리세요. 그리고 본격적으로 실행합시다."

"과대 포장을 하는 가게들을 단속하겠습니다."

사법부는 법에 따라 재판을 해요.

"포장업체들이 재판을 요청해 왔어요."

"새로운 법이 포장업체들의 권리를 침해하는지 따져 봅시다."

행정부, 입법부, 사법부가 서로 자신의 역할을 충실히 해야 민주주의가 잘 돌아갈 수 있어요.

미국의 대통령제

대한민국, 미국, 프랑스 등의 정치 체제는 대통령제예요. 그중에서도 미국은 대통령제가 시작된 나라지요. 대통령제의 특징을 알아보기 위해 미국의 정치 체제를 살펴볼까요? 행정부의 중심은 **대통령**이에요. **입법부**는 '국회' 또는 '의회'라고 불려요. **사법부**에서 가장 높은 곳은 대법원이에요.

대통령이 하는 일

- 정책과 법이 잘 실행되도록 책임져요. 이 일을 하기 위해 내각을 꾸려요.
- 대법원의 새로운 대법관을 임명해요.
- 최고 지휘관으로서 군대를 통솔해요.
- 법안을 승인하거나 거부할 수 있어요.

대통령은 4년마다 한 번씩 국민이 투표로 뽑아요. 완전히 모든 국민은 아니에요. (60쪽에서 더 알아보세요.) 대통령은 한 번에 한해 연임할 수 있어요.*

대통령과 내각은 백악관에서 일해요. 백악관은 미국의 수도인 워싱턴에 있어요.

의회가 하는 일

- 여러 논의를 거쳐 법안을 만들어요. 많은 의원이 찬성해서 법안이 통과되면 이 법안을 대통령에게 보내 승인을 요청해요.
- **상원**과 **하원**이라는 두 의회로 이루어져 있어요. 상원과 하원은 같은 일을 나누어 하기도 하고, 서로 다른 일을 맡아 하기도 해요. 새로운 법이 만들어지려면 법안이 상원과 하원을 모두 통과해야 하지요.**

하원은 새로운 세금을 정하거나 기존의 세금을 바꾸는 일을 해요.

상원은 대통령이 내각이나 대법원 등에 임명한 사람들에 대해 동의하고, 다른 나라와의 조약을 승인하는 일을 해요.

상원 의원과 하원 의원은 모두 각 주에서 선거를 통해 뽑아요.

상원과 하원은 국회 의사당에서 회의를 열어요. 국회 의사당도 워싱턴에 있어요.

*대한민국 대통령은 5년마다 한 번씩 뽑고 연임은 할 수 없어요.
**대한민국의 입법부는 국회라고 부르고, 국회의원들이 법안을 통과시켜요.

대법원이 하는 일

새로운 법이 헌법에 어긋나지 않는지 판단해요. (25쪽을 보세요.)

한 명의 **대법원장**과 여덟 명의 대법관이 있어요. 이 중에 자리가 비게 되면 대통령이 새로운 사람을 임명해요. 이때 상원의 동의가 있어야 해요.

우리는 일단 임명되면 평생 대법관으로 있을 수 있지요. 큰 잘못을 저지르지 않는 한!

대법원 건물도 워싱턴에 있어요. 어떤 나라든 정부 기관은 대부분 수도에 자리하고 있지요.

대통령이 곤란에 처할 때

지난 250년 동안, 미국의 정치 체제는 오직 한 명, 즉 대통령의 권력을 제한하는 데 특히 신경 썼어요. 대통령이 권력을 함부로 휘두르면 큰일이니까요. 그런데 바로 이 점 때문에 때로는 일이 잘 안 풀리기도 해요.

의료 보험을 개선하기 위해 새로운 법을 만들고 싶어요.

법안을 준비해서 의회에 제출할게요.

찬성투표를 하도록 상원과 하원을 설득할게요!

대통령 편에 선 의원들

그 법안은 마음에 들지 않아요.

우리 주장대로 법안을 고치세요. 그러지 않으면 이 법안에 반대투표를 하도록 상원과 하원을 설득하겠어요.

대통령 반대편에 선 의원들

반대편 주장대로 법안을 고치면 내가 만들고 싶은 법과 거리가 멀어지는데! 이를 어떡하나!

영국의 의원 내각제

영국, 캐나다, 스웨덴, 일본 등의 정치 체제는 의원 내각제예요. 그중에서도 영국은 의원 내각제가 시작된 나라지요. 의원 내각제의 특징을 알아보기 위해 영국의 정치 체제를 살펴보아요. 영국은 공식적으로는 왕이 가장 높은 사람이지만 실제로는 총리를 비롯해 의회가 나라의 권력을 가지고 있어요. 의원 내각제는 대통령제보다 행정부와 입법부가 밀접하게 연결되어 있지요.

왕
특별한 날에는 의회에 참석해 연설을 하기도 하지만 자신의 의견을 내세우는 일은 결코 없어요.

의회
투표를 해서 새로운 법을 만들어요. **상원**과 **하원**으로 이루어져 있어요.

상원
상원 의원은 1,000명이 넘고 그 수가 딱 정해져 있지 않아요. 상원은 법안을 제안할 수 있고, 하원에서 통과된 법안에 동의를 거부할 수 있어요. 상원 의원은 선거로 뽑지 않고 대부분 하원에서 정해요. 상원은 하원에 비해 역할도 작고 권력도 약해요.

하원
하원 의원은 650명으로, 5년마다 뽑아요. 하원은 법안을 두고 토론을 벌여요. 하원 의원들 중 절반이 넘게 찬성하면, 새로운 법을 만들거나 기존의 법을 없앨 수 있어요.

여당과 야당
하원 의원은 대부분 정당에 속해 있어요. (56쪽을 보세요.) 하원 의원 수가 절반이 넘는 정당이 **여당**으로서 행정부의 내각을 구성해요.

여당이 아닌 정당은 모두 **야당**이에요. 야당은 여당이나 행정부가 권력을 마음대로 휘두르지 못하도록 견제하는 역할을 해요.

총리
여당의 대표가 행정부의 최고 책임자인 **총리**가 돼요. 영국에서 가장 영향력이 큰 정치인이 되는 셈이지요.

내각
총리는 경제, 복지, 교육 등 다양한 분야에 각각 **장관**을 임명해서 내각을 꾸려요. 총리와 마찬가지로 장관은 대개 의원을 겸하고 있어요.

*대한민국 국회 의사당의 모습을 살펴볼까요?

의장
국회를 이끄는 사람으로, 토론의 사회자 역할을 해요.

속기사는 회의에서 오가는 모든 말을 꼼꼼히 기록해요.

야당
가장 큰 야당의 대표는 총리나 여당에 맞서 비판적인 의견을 말해요. 또 정부가 나라를 제대로 이끄는지 감시해요.

국무총리와 장관
국무총리와 내각 장관들은 맨 왼쪽 앞에 앉아요.

다른 야당 의원들과 그 밖의 무소속 의원들이 앉는 자리예요.

여당
대부분의 의원은 자신이 속한 정당의 방향에 따라, 또는 정당 대표의 판단에 따라 투표를 해요. 가끔 예외도 있긴 하지요.

무기명 투표소
선출이나 탄핵 등 인사에 관한 안건을 처리할 때에는 종종 무기명 투표를 해요. 투표 용지에 의원들이 이름을 적지 않고 의사를 표시하지요.

찬반 투표
국회에서는 일반적으로 사안들을 전자 투표로 결정해요. 의원들이 각자의 자리에 있는 전자 투표 장치에 찬성이나 반대 의사를 표시하지요.

방청석
일반 국민이나 기자가 앉아서 의원들의 토론을 볼 수 있는 자리예요.

토론을 할 때 모든 의원이 의견을 말하는 것은 아니에요. 신청한 사람들만 발언하고 토론할 수 있지요. 발언이나 토론을 하는 시간은 5분 이내, 반론을 하는 시간은 3분 이내로 정해져 있어요.

법을 실행에 옮기기

나라를 어떤 방식으로 운영할지 결정하는 것은 정치의 몫이지요. 하지만 정부 안에서 그 결정을 세세하게 실행하는 사람은 정치인이 아닌 **공무원**이에요. 요즘에는 법을 만드는 데도 공무원이 큰 역할을 하는 경우가 많아요. 하나의 법이 실행에 옮겨지는 과정을 들여다볼까요?

장관
(교육부, 환경부, 외교부 등 각 부의 최고 책임자)

자신이 맡은 부에서 어떤 정책을 실행해 나갈지 방향을 잡아요.

공무원

정책을 실행하기 위해 새로 필요한 법이 있는지 조사하고 연구해요.

교육 전문가들에게 의견을 물어봐야겠어요.

공무원

완성된 법안을 국의회에 제출해요.

전문가

각 분야의 전문적인 의견을 제시해서 공무원이 법안을 잘 준비하도록 도와요.

국회

국회의원들이 이 법안을 두고 토론을 벌인 뒤, 투표를 해요.

전문가들에 따르면 청소년들이 잠을 더 많이 자야 한다고 합니다. 저는 등교 시간을 늦추는 법안에 찬성합니다.

저는 반대합니다! 청소년들은 일찍 일어나는 법을 배워야 합니다.

공무원

새로운 법이 만들어지면 공무원은 이 법을 실행에 옮겨요.

학교

모든 교장 선생님께 알려야겠군요!

앞으로 학교 수업 시간은 10시부터 5시까지란다.

관료주의

그런데 때로 공무원들은 관료주의에 물들었다는 비판을 받기도 해요. 관료주의는 책임을 떠넘기고 비효율적으로 일하는 것을 뜻해요. 관료주의에 빠진 공무원이 많으면 일이 제대로 처리되지 않아 사람들이 불편을 겪게 돼요.

꼭 공무원만 관료주의에 빠지게 되는 것은 아니에요. 회사든, 학교든, 가게든, 몸집이 무척 큰 조직 안에서 일하는 사람이라면 누구나 자칫 관료주의에 빠질 수 있지요.

지방 자치

신문과 뉴스는 정부가 무슨 일을 하고 있는지를 주로 알려 줘요. 하지만 많은 경우, 우리 일상생활에 큰 영향을 주는 것은 우리가 각자 살고 있는 지역에서 벌어지는 일들이에요. 이 일들은 **지방 정부**가 하는 일들이지요. 지방 정부를 통해 그 지역마다 나름의 정치를 하는 것을 '**지방 자치**'라고 해요.

중앙 정부
- 온 나라에 영향을 미치는 결정을 내리고 나라 전체의 살림을 맡아요.
- 막대한 세금을 걷어서 써요.

지방 정부
- 한 지역에 영향을 미치는 결정을 내리고 그 지역의 살림을 맡아요.
- 더 적은 세금을 걷어서 써요.

예를 들면 이렇지요.

국회에서 새로운 법이 만들어졌어요. 중앙 정부는 이 법을 실행하기 시작해요.

새로운 건축법
- 자연 보호 구역에는 건축물을 지을 수 없다.
- 모든 건축물은 안전 기준을 지켜야 한다.

지방 정부는 이 법을 그 지역에 적용해서 구체적으로 실행해요.

지방 정부는 '**지방 자치 단체**'라고도 해요.

이 주택 단지는 안전 기준을 따르고 있나요?

이 지역에서 주택을 필요로 하는 사람이 얼마나 되지요?

이 주택 단지는 자연 보호 구역과 확실히 분리되어 있나요?

이 주택 단지가 완성되면 이 지역에 세금이 늘어날 수 있을까요?

지방 정부뿐 아니라 **지방 의회**도 있어요. 지방 정부와 지방 의회에서 일할 대표자를 뽑는 선거를 '**지방 선거**'라고 해요.

연방제

'**연방**'이란 독립적인 성격을 가진 지역 여러 곳이 모여 이룬 나라를 뜻해요. 연방을 이루고 있는 정치 체제를 '**연방제**'라고 하지요. 덩치가 큰 나라들 중에는 연방인 경우가 많아요. 미국, 독일, 브라질, 러시아 등이 그렇지요. 각 지역에는 자신들만의 정부와 법이 따로 있어요.

세계에서 인구가 가장 많은 민주주의 국가는 바로 인도예요. 무려 10억이 넘는 인구가 사는 터전이지요. 그런 인도도 연방이랍니다. 인도의 연방제는 다음과 같은 과정을 거쳐 돌아가요.

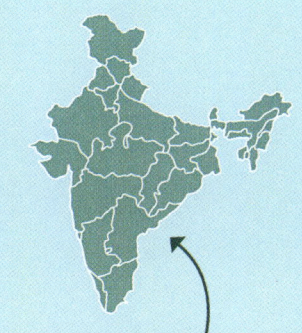

인도는 29개의 주와 7개의 연방 직할지로 구성되어 있어요.

연방 안의 여러 정부

인도는 의원 내각제예요. 대통령이 있지만 권력은 가지고 있지 않아요.

의회는 전국적으로 실시된 선거를 통해 뽑힌 의원들로 이루어져 있어요.

의회에서 의원 수가 가장 많은 정당의 대표가 총리가 되어 정부를 이끌어요.

자와할랄 네루는 인도의 초대 총리예요. 가장 오랜 기간 동안 총리 자리에 있었던, 인도 역사상 최장수 총리이기도 해요.

각 주에는 저마다 자체적인 정부가 있어요. 그 지역에서 선거를 통해 뽑힌 사람이 주 정부의 최고 책임자가 되지요.

주 정부는 자기네 주만을 위한 법을 만들고 세금을 거둬요.

각 주는 더 작은 구역으로 나뉘어 있어요. 각 구역에도 자체적인 정부가 있어요.

어떤 구역은 더더욱 작은 구역으로 나뉘어 있고 그곳에도 자체적인 정부가 있어요.

대도시에는 시의회가 있어요.

농촌과 작은 도시에는 '그람 판차야트'라는 이름의 소규모 의회가 있어요.

국제 정치

나라와 나라 사이에도 정치가 필요하지요. 여러 나라가 서로 뜻을 같이해서 맺는 약속을 '**조약**'이라고 해요. 조약은 전쟁을 막기 위해 맺기도 하고, 사람과 정보가 쉽게 오가도록 하기 위해, 또 무역이 활발해지도록 하기 위해 맺기도 해요. 때로는 조약을 맺는 데 그치지 않고 여러 나라가 조직을 만들어요. 이러한 조직을 '**국제기구**'라고 해요. 몇 가지 국제기구를 소개할게요.

국제 연합 (유엔)

전 세계 대부분의 나라가 유엔에 가입해 있어요. 회원국은 유엔이 정한 규칙을 따르고, 세계평화를 지키기 위해 서로 도와요. 유엔(UN)이란 국제 연합(United Nations)의 약칭이에요.

국제 연합기

유엔에서 각 회원국을 대표하는 사람들을 '유엔 대사'라고 해요. 유엔 대사들은 뉴욕에 있는 유엔 본부에서 회의를 가져요.

회의가 열리면 동시 통역사들이 내용을 통역해 줘요. 그래서 서로 언어가 달라도 회의가 원활하게 진행될 수 있어요.

유엔의 목표

- 평화를 지켜요.
- 환경을 보호해요.
- 평등하고 공정한 사회를 이루어요.
- 자연 재해나 전쟁으로 고통받는 지역을 도와요.

유엔 안전 보장 이사회

유엔에는 '안전 보장 이사회'라는 기관이 있어요. 이 기관은 열 다섯 개의 회원국으로 이루어졌고, 그중 열 개국은 2년마다 바뀌어요. 미국, 영국, 프랑스, 러시아, 중국, 이렇게 다섯 개 회원국은 항상 포함돼요. 그래서 이 다섯 개 회원국은 다른 회원국들보다 더 큰 힘을 가지고 있어요.

어떤 나라가 국제적으로 심각한 잘못을 저질렀을 때 안전 보장 이사회가 결정을 내리면 유엔은 그 나라에 제재를 가해요. 군대를 보내기도 하고 무역을 못 하도록 막기도 하지요.

유럽 연합

유럽에 있는 나라들 대부분이 모여 하나의 공동체를 이루기 위해 만든 국제기구예요. 회원국 국민들은 자유롭게 다른 회원국에서 살거나 일하거나 무역을 할 수 있어요.

유럽 연합기

유럽 연합에는 의회도 있어요. 벨기에 브뤼셀과 프랑스 스트라스부르에 자리하고 있지요. 유럽 연합 의회 의원은 각 회원국 국민이 직접 뽑아요. 의회는 회원국들이 낸 돈을 어떻게 쓸지 같은 여러 문제에 대해 투표를 통해 결정을 내려요.

아랍 연맹

중동과 북아메리카에 있는 나라들 대부분이 모여 만든 국제기구예요. 회원국끼리 서로 보호하고 자원을 공유해요.

아랍 연맹기

북대서양 조약 기구 (나토)

북아메리카와 유럽에 있는 나라들 대부분이 모여 만든 국제기구로, 군사적 목적을 가지고 있어요. 회원국끼리 서로 지켜 주고, 여러 군사 자원을 공유해요. 나토(NATO)란 북대서양 조약 기구(North Atlantic Treaty Organization)의 약칭이에요.

아프리카 연합

아프리카에 있는 나라들 대부분이 모여 만든 국제기구예요. 평화를 지키며 서로 가깝게 지내고, 무역이 활발하게 이루어지도록 조약을 맺어요.

아프리카 연합기

나토기

남의 나라에 있는 우리 영토

한 나라를 대표해 다른 나라에 가서 외교와 관련된 일을 하는 사람을 '**외교관**'이라고 해요. 그리고 그중에서도 가장 높은 자리에 있는 사람을 '**대사**'라고 하지요.

정치 체제가 없다면 어떻게 될까요?

어떤 사람들은 아예 세상에서 정치 체제가 없어져 버려야 한다고 생각해요. 그래야 모두에게 더욱 좋은 세상이 될 거라고 하지요. 이런 생각을 '**무정부주의**'라고 해요. 여러분 생각은 어떤가요?

옛날에는 말이야, 진짜진짜 옛날에는 사람들이 작은 공동체를 이루어 살았어. 정부가 없어도 잘만 살았지.

잘 살았는지는 몰라도, 지금 우리만큼 오래 살지도 못하고 편안하게 살지도 못했잖아.

그게 정부가 있어서일까? 똑똑한 사람들이 발명한 것들 덕분에 농업과 의학이 발달하고 컴퓨터가 생긴 덕분이 아닐까?

정부가 없었다면 그 똑똑한 사람들은 먹고살기 바빠서 발명을 할 수 없었을걸.

네가 그걸 어떻게 알아? 내 생각에는, 사람들은 서로를 잘 보살펴 왔다고.

내 생각에는, 사람들은 서로를 죽이기도 잘했어. 너 엄청난 실험을 해 볼 배짱이 있니?

무슨 실험?

정부와 법을 모조리 없앤 다음, 무슨 일이 벌어지는지 보는 거지.

음……

할 말 없지? 그럴 줄 알았어.

내 생각에는, 고대 사회에는 정부가 없었다는 것 자체가 틀린 사실 같은데.

정치 철학자들의 의견

한 사회의 정치 체제에서 무엇이 가장 필요할까요? 어떤 점을 가장 중요하게 여겨야 할까요? 이 질문에 대해 그동안 전 세계의 많은 정치 철학자가 다양한 의견을 말했어요. 역사적으로 특히 유명한 정치 철학자들의 말에 귀를 기울여 보세요.

백성에게는 세상을 어떻게 살아야 하는지 본보기가 될 왕이 필요합니다. 왕이 도덕적으로 행동하면, 백성도 도덕적으로 행동합니다.

공자
(중국, 기원전 5~6세기)

사람들은 대부분 어리석고 이기적입니다. 그러한 사람들을 잘 이끌어 줄 지혜롭고 강한 지도자가 있어야 이상적인 사회를 이룰 수 있습니다.

플라톤
(고대 아테네, 기원전 4세기)

정부란 '불의를 저지르는 기관이 아니라 불의를 예방하는 기관이다'라고 정의할 수 있습니다.

이븐 할둔
(북아프리카, 14세기)

우리에게는 엄격한 법을 갖춘 강력한 정부가 필요합니다. 그런 정부가 없다면 우리는 서로를 죽일 겁니다.

토머스 홉스
(영국, 17세기)

법을 따르지 않는다 해도, 인간은 본성대로 자유롭고 평등합니다. 우리는 자연에서와 같이 자유롭고 평등한 사회를 이루어야 합니다.

장 자크 루소
(프랑스, 18세기)

가장 공정하게 다스리는 길은, 가장 많은 사람에게 도움이 되는 결정을 내리는 것 입니다. 비록 소수의 사람들은 손해를 보더라도 말입니다.

제러미 벤담
(영국, 19세기)

왕이 사람들에게 권리가 없다고 말한다 해서 사람들이 권리를 가지지 않는 것이 아닙니다. 사람은 사람이기 때문에 누구든지 권리를 가집니다.

토머스 페인
(영국/미국, 18세기)

'모든 사람은 권리를 가진다.'라는 것은 옳은 말입니다. 하지만 현실에서는 말만 가지고는 안 됩니다. 억압받는 사람들의 권리를 지켜 주는 법이 필요합니다.

한나 아렌트
(독일/미국, 20세기)

제3장
선거와 투표

    대통령이든 총리든 국회의원이든 그 자리에 영원히 앉아 있을 수는 없어요. 그 자리에서 내려오지 않고 버티려는 정치인도 종종 있지만 말이지요. 만약 한번 그 자리에 앉은 정치인을 바꿀 방법이 없다면 어떻게 될까요? 그 정치인은 나라가 어떻게 돌아가든 상관없이 제멋대로 하게 될걸요. 그래서 민주주의는 **선거**에서 **투표**를 하는 방법으로 정치인을 새로 뽑을 수 있게 되어 있어요.

선거

선거에서 당선되고자 하는 사람들이 선거 전에 반드시 해야 하는 일이 있어요. 바로 **후보자**로 등록하는 것이에요. 선거에 참여해 투표할 수 있는 사람이라면 누구나 후보자가 될 수 있어요.

선거 중에는 온 나라를 책임질 사람을 뽑기 위한 선거도 있고, 작은 지역을 책임질 사람을 뽑기 위한 선거도 있어요.

나는 시장 선거에 출마해요. 그러니까 수천 명의 사람에게 좋은 인상을 남겨야 해요.

그 정도쯤이야. 나는 대통령 선거에 출마해요. 그러니까 수백만 명을 설득해야 하죠.

후보자들은 대개 어떤 **정당**에 소속되어 있어요. 정당은 추구하는 목표와 가치가 같은 사람들이 모인 집단이에요. 선거를 하게 되면 정당들은 각각 후보자를 내고 더 많은 표를 얻기 위해 서로 경쟁하지요. 세계 여러 나라의 주요 정당들을 알아볼까요?*

아시아

 인도 인도 인민당, 인도 국민회의파

 일본 자유민주당, 입헌민주당

 대한민국 더불어민주당, 자유한국당

유럽

 프랑스 사회당, 공화당, 앙마르슈 ('전진하는 공화국'이라는 뜻이에요.)

 독일 독일 사회민주당, 독일 기독교민주당

 영국 노동당, 보수당, 자유민주당

아프리카

 남아프리카 공화국 아프리카 민족회의, 민주동맹

 가나 국민민주회의, 신애국당

 알제리 민족해방전선, 민족민주동맹

아메리카

 아르헨티나 정의당, 급진당

 미국 공화당, 민주당

 멕시코 제도혁명당, 민주혁명당

어떤 정당은 스스로를 나타내는 상징물을 가지고 있어요. 영국에서 노동당은 장미, 보수당은 나무가 상징물이에요. 미국에서 민주당은 당나귀, 공화당은 코끼리가 상징물이고요.

*2017년 12월을 기준으로 한 정당 이름이에요.

선거를 앞두고 후보자와 정당은 자신을 지지해 달라고 유권자를 설득해요. 이것을 **'선거 운동'** 또는 **'유세'** 라고 해요. 이때 중요한 것이 **공약**이에요. 각 후보자와 정당은 당선되었을 때 펼칠 공약을 내세워요.

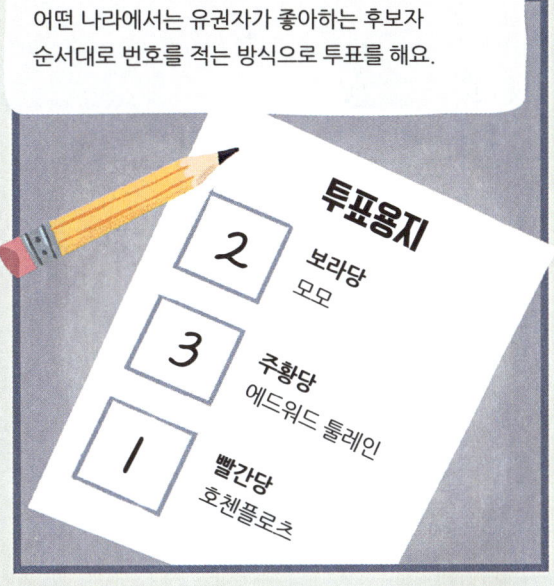

투표가 끝나면 투표함을 열어 결과를 확인해요. 이것을 **'개표'**라고 해요. 당선된 후보자는 예정된 자리에 취임해요. 대통령 선거라면 대통령에 취임하고, 국회의원 선거라면 국회의원에 취임하겠지요. 선거가 끝난 뒤 바로 취임하는 경우도 있고, 몇 달이 지나 취임하는 경우도 있어요.

어떤 후보자를 뽑을까요?

유권자는 후보자를 선택할 때 여러 가지 다양한 면을 살펴봐요. 어떤 유권자는 후보자들이 저마다 가진 특성을 따져 보고 선택하지요. 후보자가 어떤 삶을 살아 왔는지, 어떤 공약을 내걸었는지 꼼꼼히 비교해 보는 거예요. 그런가 하면 어떤 유권자는 뜬금없는 이유로 후보자를 선택하기도 해요.

때로는 후보자가 속한 정당이 가장 중요한 기준이 돼요. 어떤 유권자는 선거 때마다 무조건 같은 정당의 후보자에게 투표하거든요. 이렇게 다들 후보자를 선택하는 나름의 기준이 있지요.

선거에서 어느 쪽에 투표할지 아직 결정을 내리지 않은 유권자를 '**부동층**'이라고 해요. 부동층은 지지하는 후보자나 정당이 그때그때 바뀔 수 있어요. 그래서 선거 결과에 큰 영향을 주기도 하지요.

정치인이나 정당을 향해 **좌파**니 **우파**니 하는 말을 들어 보았을 거예요. 때로는 정치인이나 정당이 스스로 좌파인지 우파인지를 밝히기도 해요. 하지만 좌파와 우파를 따지는 것 자체가 낡은 생각이라고 여기는 사람들도 있어요.

좌파 쪽의 생각

세금은 가급적 많이 내야 해요.
특히 부자들은 더욱 내야 하지요.

의료와 교통 같은 부분은
정부가 책임져야 해요.

정부는 형편이 어려운 사람들을
보호하는 법을 만들어야 해요.

사회는 더욱 평등한 방향으로
나아가야 해요.

우파 쪽의 생각

세금은 최대한 낮춰야 해요.

기업은 정부가 운영하는 것보다
개인이 알아서 운영하는 편이 훨씬 나아요.

정부는 개인의 삶에 지나치게
간섭해서는 안 돼요.

전통적인 가치를 지켜야 해요.
사회가 급격히 변하는 건 좋지 않아요.

사람들은 대개 좌파와 우파 사이에 있어요. 좌파에 동의하는 부분도 있고, 우파에 동의하는 부분도 있지요. 그리고 정당은 좌파와 우파 어느 쪽에도 전혀 맞지 않는 정당도 많아요. (제5장에서 더 살펴보세요.)

시간이 흐르면 정당도 변해요.
안에서 의견이 크게 갈리면서
새로운 몇몇 정당으로 갈라지기도 해요.

딱 한 가지 주제에 집중하는 정당도 있어요.
환경 보호를 위해 만들어진 녹색당이 대표적인
경우예요. 이런 정당을 '단일 쟁점 정당'이라고 해요.

선거에서 누가 투표할 수 있을까요?

선거에서 투표를 하려면 **선거인 명부**에 이름이 등록되어 있어야 해요. 성인인 국민은 자동으로 등록이 돼요. 물론 예외도 있지요. 그런가 하면 국민이 아닌 사람이 투표할 수 있는 선거도 있어요.

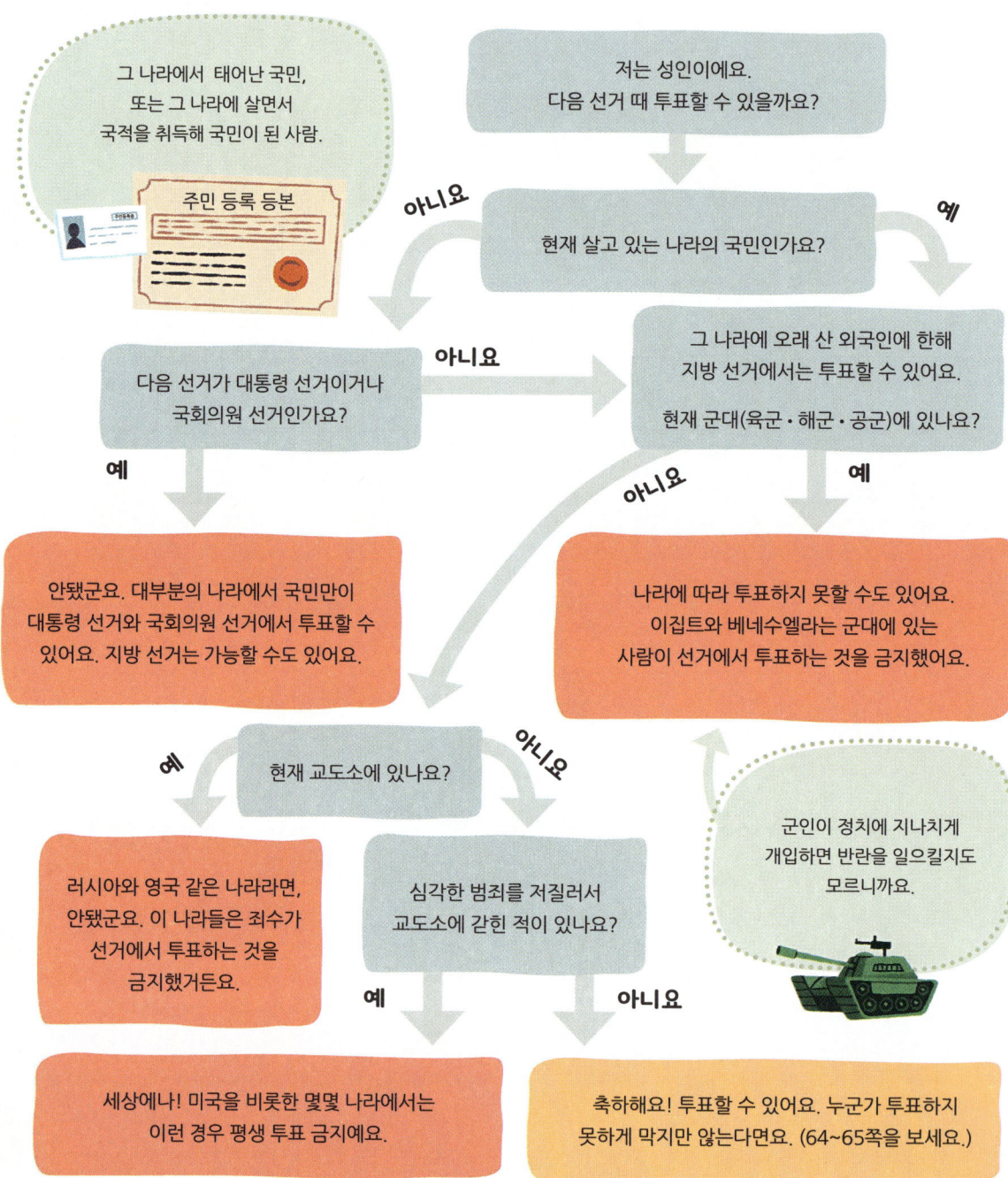

호주, 벨기에, 브라질 등 몇몇 나라에서는 유권자가 선거에서 투표하지 않으면 **위법**이에요. 투표하지 않은 유권자는 벌금을 내야 하지요.

왜 성인만 투표할 수 있을까요?

대부분의 나라에서 선거에 참여할 수 있는 나이는 만 19세 이상이나 18세 이상, 아무리 적어도 16세 이상이에요. 어린이는 선거에 참여하려면 더 나이들 때까지 기다려야 해요.

왜 저는 선거권이 없어요?

어린이는 아직 덜 성숙하기 때문에 올바르게 판단하지 못할 수도 있으니까.

저보다도 더 뭘 모르는 어른도 있던데요!

그럴 수도 있지. 하지만 그래도 나이 제한이 있긴 있어야 해. 갓난아기가 투표할 수는 없지 않니.

한 14세쯤으로 제한하면 되잖아요? 그 나이 때부터 일할 수 있는 나라도 많으니까요.

하지만 일을 해도 세금을 낼 만큼 많이 벌지는 못할 텐데.

직업이 없는 어른들도 있잖아요. 어른들은 그래도 투표할 수 있던데요.

직업이 없는 어른이라도 사회에서 가치 있는 일을 하고 있어. 아이를 키운다든지, 친척 어르신을 돌본다든지 말이야.

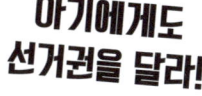

그럼 제가 할머니께 차를 끓여 드리면, 저도 투표할 수 있어요?

음, 시도는 좋다만…….

근데 말이다, 정치인들이 선거 가능 나이를 낮추고 싶어 할까? 어릴수록 변화를 좋아하니까 정치인을 자꾸 갈아 치우려고 들면 곤란하잖니.

선거권의 역사

'**선거권**'이란 말 그대로 선거에 참여할 수 있는 권리지요. 그런데 처음에는 오직 일부 사람에게만 선거권이 주어졌어요. 많은 사람이 선거권을 갖기 위해 오랫동안 싸워야 했어요. 선거권을 금지당했던 사람들에게 가장 먼저 선거권을 준 나라는 어디인지, 또 늑장을 부린 나라는 어디인지, 이 연대표에서 살펴보세요.

1800년대

민주주의 국가에서조차 선거권을 가지려면 재산이 꽤 있어야 했어요. 그리고 반드시 남성이어야 했고요. 결국 상당히 부유한 남성만이 투표할 수 있었어요.

재산에 따라 선거권을 주는 법은 1800년대 중반 대부분의 나라에서 없어졌어요. 1848년 프랑스에서는 부유하든 가난하든 투표할 수 있게 되었어요. 다만, 프랑스 여성은 100년쯤 더 기다려야 했어요.

1893년 뉴질랜드

세계 최초로 여성을 포함한 모든 성인에게 선거권을 주었어요.

1906년 핀란드

유럽 최초로 여성에게 선거권을 주었어요. 여성은 단순히 투표만 할 수 있는 것이 아니라 선거 출마도 할 수 있게 되었어요.

1929년 에콰도르

남아메리카 최초로 여성에게 선거권을 주었어요.

1931년 스리랑카

아시아 최초로 여성에게까지 선거권을 확대했어요. 1960년 스리랑카에서는 세계 최초의 여성 총리가 뽑혔어요.

여성 운동가들

19세기와 20세기에 많은 여성 운동가가 선거권을 인정받기 위해 싸웠어요. 이때 다양한 방법이 동원되었지요. 정치인 집 대문에 쇠사슬로 자신의 몸을 묶기도 하고, 창문을 깨기도 하고, 심지어 폭탄을 설치하기도 했어요. 이런 여성 운동가들을 '서프러제트'라고 해요.

전쟁 시기의 여성들

세계 대전을 두 번이나 치르느라 남성들이 전쟁터에 간 사이, 여성들은 남성의 몫으로 여겨지던 일들을 도맡아 했어요. 그러면서 선거권을 향한 여성들의 요구가 더욱 거세졌어요. 영국 여성은 제1차 세계 대전 이후인 1928년에, 프랑스 여성은 제2차 세계 대전이 끝나 갈 무렵인 1944년에 선거권을 얻었지요.

1945년 세네갈과 토고

아프리카 최초로 여성에게 남성과 완전히 평등한 선거권을 주었어요. 하지만 그래 봤자 여성들은 프랑스의 명령에 따르는 후보자에게 투표해야 했지요. 두 나라는 프랑스의 식민지였으니까요.

탈식민지화

제2차 세계 대전이 끝난 뒤, 외국의 지배를 받던 나라들이 자유를 되찾았어요. 이러한 현상을 '**탈식민지화**'라고 해요. 탈식민지화는 선거권이 확대되는 데 큰 영향을 미쳤어요.

1947년 파키스탄, 1950년 인도

인도와 파키스탄은 함께 영국의 식민지였다가, 1947년 독립하면서 두 나라로 분리되었어요. 식민지에서 벗어난 직후, 두 나라는 여성에게 선거권을 주었어요.

인종 차별과 선거권

한때 많은 나라에서 특정 인종에게 투표를 금지했어요. 미국의 경우, 흑인과 아메리카 원주민에게 선거권을 주지 않았지요. 인종에 상관없이 누구나 평등하게 선거권을 갖기 위한 힘든 싸움은 전 세계에서 오래도록 이어졌어요.

1960년 캐나다

캐나다 원주민은 1960년이 되어서야 선거권을 얻었어요.

1965년 미국

법적으로 흑인 남성은 19세기에 선거권을 얻었고, 흑인 여성은 1928년부터 선거권을 인정받았어요. 하지만 일부 지역에서 인종 차별적인 법을 만들어서 흑인의 투표를 막았지요. 1965년이 되어서야 전국의 흑인 유권자를 보호하기 위한 법이 마련되었어요.

1967년 호주

애버리지니는 호주 본토와 인근 섬 출신의 조상을 둔 원주민이에요. 이들은 다른 호주 사람들이 선거권을 얻고도 한참이 지나서야 마침내 선거권을 얻었어요.

넬슨 만델라는 남아프리카 공화국 최초로 온전히 민주적으로 치러진 선거를 통해 대통령이 되었어요.

1994년 남아프리카 공화국

인종 차별 정책인 **아파르트헤이트**가 폐지된 뒤, 흑인도 국회의원 선거에서 투표할 수 있는 권리를 얻었어요. 남아프리카 공화국은 국회의원을 뽑으면 그 국회의원들이 대통령을 뽑지요.

부정 선거

투표는 쉽고 간단한 과정이에요. 아주 극단적인 경우에는 복잡해지지만 말이에요. 아래에 나오는 이야기처럼요. 하지만 걱정하지 마세요. 이런 일은 현실에서는 극히 드물어요. 게다가 대부분의 나라에서 불법이고요.

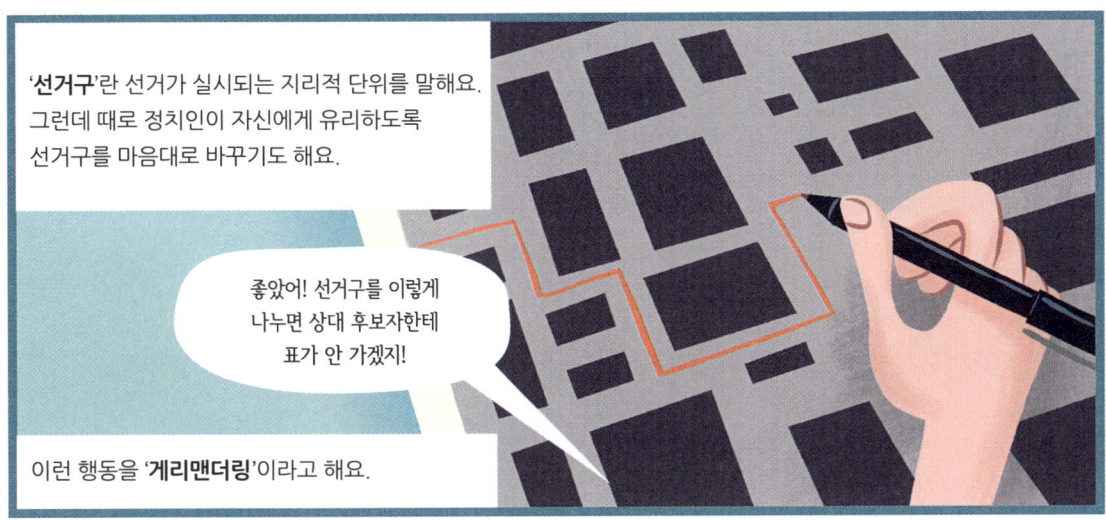

투명한 선거

선거를 공정하게 치르기 위한 대표적인 방법으로는 **비밀 투표**를 하는 것과 **선거 참관인**을 두는 것이 있어요.

비밀 투표

유권자는 투표용지에 자신의 이름을 쓰지 않아요. 그러면 표를 얻기 위해 유권자를 협박해 보았자 소용없는 일이 되지요. 어떤 유권자가 어떤 후보자를 찍었는지 아무도 알 수 없으니까요.

선거 참관인

투표를 하는 장소는 물론이고 개표를 하는 장소에도 모두 선거 참관인을 둬요. 그래서 선거 참관인은 투표 참관인과 개표 참관인으로 나뉘어요. 선거 참관인은 투표할 때나 개표할 때 선거 위반을 저지르는 사람이 있는지 눈을 부릅뜨고 살펴보지요.

언론의 감시

언론이 정부와 정치인들을 날카로운 눈으로 지켜보고 있으면 부정 선거가 일어났을 때 사람들에게 알릴 수 있어요. 1970년대 미국에서는 리처드 닉슨 대통령이 선거 운동을 하는 동안 상대 후보자 쪽의 대화를 불법적인 방법으로 엿들었어요. 이 사실을 기자들이 파헤쳤고, 그 바람에 리처드 닉슨은 대통령 자리에서 물러날 수밖에 없었지요.

소셜 미디어를 통해 보통 사람들도 유권자가 협박을 당하거나 뇌물을 받는 등의 선거 위반을 고발할 수 있어요. 언론이 정치에 미치는 영향에 관해서는 108~109쪽에서 더 알아보세요.

선거 제도

나라마다 나름의 **선거 제도**가 있어요. 선거 제도에 따라 각 정당의 당선자가 몇 명이나 되는지, 누가 대통령이나 총리가 되는지가 달라져요. 선거 제도는 크게 **비례 대표제**와 **다수 대표제**로 나뉘어요.

비례 대표제

비례 대표제는 국회의원 선거에서 주로 쓰이고 있어요. 각 정당이 선거에서 기록한 득표율에 비례하여 **의석**을 분배하는 방식이에요.

> 독일, 스웨덴, 이탈리아, 남아프리카 공화국, 일본 등 90개가 넘는 나라에서 국회의원 선거에 비례 대표제를 적용하고 있어요.

네 개의 정당이 500석의 의석을 놓고 국회의원 선거를 치렀다고 상상해 보세요. 선거 결과는 다음과 같아요.

비례 대표제에서는 각 정당이 득표율에 따라 500석의 의석을 나눠 가져요.

실제 선거에서는 계산이 훨씬 복잡해요. **최소 득표율**이 정해져 있거든요. 만약 최소 득표율이 5퍼센트라면 지지율이 5퍼센트의 문턱을 넘지 못한 정당은 의석을 하나도 갖지 못해요. 그러면 남은 의석은 다른 정당들이 다시 득표율에 따라 나눠 가져요. 이런 계산을 하느라 때로 복잡한 수학 공식까지 동원되기도 해요.

어느 정당도 과반수가 안 될 때

전체 의석의 과반수를 받은 정당은 다수결의 원칙에 따라 마음대로 법안을 통과시킬 수 있겠지요. 하지만 비례 대표제에서는 한 정당이 과반수의 득표율을 기록하는 경우보다 그렇지 않은 경우가 더 많아요. 의석의 수가 가장 많은 정당이라도 과반수에 미치지 못하면 법안을 통과시키기가 쉽지 않아요.

다른 정당과 협력하기

두 개 이상의 정당이 서로 협력하기로 약속하는 거예요. 합쳐서 의석의 수가 과반수가 되면 법안을 쉽게 통과시킬 수 있지요.

서로 공통점이 많은 정당들끼리 힘을 모아요.

서로 대립하는 정당들끼리도 경우에 따라서 힘을 모을 수 있어요.

다수 대표제

미국, 캐나다, 영국, 프랑스, 나이지리아, 인도 등 80여 개 나라에서는 다수 대표제를 적용하고 있어요. 다수 대표제는 다시 **상대 다수 대표제**와 **절대 다수 대표제**로 나뉘어요.

상대 다수 대표제

표를 가장 많이 받은 사람이 당선돼요. 2등보다 단 한 표만 많아도 돼요.

대한민국의 대통령 선거와 영국의 국회의원 선거가 대표적인 경우예요.

절대 다수 대표제

표를 가장 많이 받아야 하고 동시에 득표율이 과반수가 되어야 해요. 후보자가 두 명 이상이라면 그중 한 명의 득표율이 과반수가 될 때까지 투표를 여러 번 치를 수도 있어요.

프랑스와 칠레의 대통령 선거가 대표적인 경우예요.

다수 대표제는 대통령 선거처럼 당선자가 한 명만 필요할 때 특히 적합한 방식이에요. 국회의원 선거에서 다수 대표제와 비례 대표제를 함께 적용하는 나라들도 있어요. 다수 대표제는 지지율이 낮은 작은 정당에 불리하기 때문에 비례 대표제를 통해 보완하는 것이지요.

어떤 나라에서 대통령을 뽑는다고 상상해 보세요. 세 개의 정당에서 세 명의 후보자가 나왔어요. 각 후보자가 기록한 득표율을 비교해 보고, 선거 제도에 따라 당선자가 어떻게 달라지는지 보세요.

어떤 선거 제도가 가장 좋을까요?

완벽한 선거 제도는 없어요. 선거 제도마다 장점과 약점이 있지요. 선거 제도에 대한 여러 의견을 들어 보세요.

> 상대 다수 대표제가 최고야. 큰 정당에 유리하고 작은 정당에 불리하니까.
> 작은 정당이 너무 많으면 국회에서 법안이 금방 통과될 수 없잖아.

> 그렇긴 해도, 상대 다수 대표제는 공정하지 않아.
> 많은 유권자가 선거에서 진 후보자에게 표를 준 거니까.
> 그 많은 표가 무시당해서 쓸모없는 표가 되다니.

> 그 문제는 절대 다수 대표제로 해결돼. 당선자는 득표수가 과반수가 돼야 하니까.
> 그러니 적어도 선거에 참여한 유권자의 50퍼센트 이상이 투표한 보람을 얻는 셈이야.
> 비록 그 당선자가 처음 선택한 후보자는 아닐 수도 있지만.

> 그것도 득표수가 적은 정당 쪽에 투표한 유권자한테는 공정하지 않아.
> 자신을 대표해 줄 사람이 전혀 없는 거잖아! 비례 대표제에서는
> 작은 정당에 투표한 표도 버려지지 않는다고.

> 그게 오히려 장점일 수도 있어.
> 때로 작은 정당은 위험하고 극단적인 견해를 가지거든.

> 큰 정당도 얼마든지 위험하고 극단적인 견해를 가질 수 있는걸.
> 특히 이주 노동자 같은 사회적 약자*에 대해서는 말이지.

> 그래서 많은 나라가 비례 대표제와 다수 대표제를 함께 쓰는 것이겠지.
> 예를 들어, 국회의원 선거를 할 때 정당에도 투표를 하고, 자기 지역구의 후보자에게도 투표를 하는 거야.

> 이건 어때. 지역구의 후보자가 동시에 비례 대표 후보자인 거야.
> 그러면 지역구에서는 뽑히지 못했어도 비례 대표로 뽑힐 수도 있어!

> 아휴, 복잡해. 선거 제도가 너무 복잡하면 유권자들이 헷갈릴 거야.
> 다수 대표제는 쉽고 간단해. 당선자는 오직 한 사람뿐이고, 헷갈릴 염려가 없지.

*110~113쪽에서 더 알아보아요.

제4장
정치적 변화

때로 우리는 정치적 변화가 일어나기를 원해요. 예를 들어, 대통령이나 국회의원이 마음에 들지 않으면 그 자리에서 물러나게 하고 싶지요. 그렇다면 다음 선거를 기다려야 할 거예요. 그런데 다른 방법도 있어요. 굳이 다음 선거까지 기다리지 않고, 그 전에 정치인의 생각을 바꾸면 돼요.

정치인에게 어떤 문제에 관해 입장을 바꾸도록 요구하는 거예요. 다음 선거 때 표를 잃을 수 있다는 점을 강조해서 정치인을 설득할 수도 있어요. 이 외에도 편지 보내기부터 시위하기까지, 여러 방법으로 정치적 변화를 가져올 수 있지요.

독재 국가처럼 극단적인 상황에서는 정치적 변화를 위해 훨씬 과격하고 폭력적인 방법이 동원되기도 해요.

정치인에게 압력 넣기

자신들의 이익이나 주장을 위해 정치인에게 압력을 가하는 단체가 있어요. 이를 '**압력 단체**'라고 해요. 압력 단체는 새로운 법을 만들거나 현재의 법을 바꾸도록, 또는 어떤 정책을 실행하도록 정치인을 설득해요. 압력 단체의 종류는 무척 다양해요.

이익 단체

자신들에게 중요한 문제에 집중해요. 특정 직업이나 사회적 지위를 가지고 있어야 회원이 될 수 있어요.

공익 단체

사회 전체에 영향을 미치는 문제에 집중해요. 누구나 참여할 수 있어요.

변호사, 의사 같은 특정 전문가들의 단체

해운 회사들, 자동차 회사들 같은 특정 산업 분야에 속한 회사들의 단체

지구 온난화 같은 환경 문제를 다루는 환경 보호 단체

그린피스

세계 자연 보호 기금

가난한 사람들을 돕는 구호 단체

국제 원조 구호 기구

옥스팜

교사나 공장 직원 같은, 특정 직업을 가진 노동자들의 이익을 위하는 노동조합

더 나은 선거 제도를 바라는 선거법 개정 단체

억울하게 교도소에 갇힌 사람들, 학대받는 어린이 같은 문제를 다루는 인권 단체

국제 사면 위원회

어린이 보호 기금

압력 단체의 활동

- 시위를 해요. (74쪽을 보세요.)
- 탄원서에 서명을 받아요.
- 변호사를 선임해서 법에 이의를 제기해요.
- 회원과 후원금을 모집해요.
- 뜻이 맞는 유명 인사를 홍보 대사로 임명해요.
- 책자를 만들고 동영상을 찍어 널리 퍼뜨려요.
- 기자를 설득해서 언론이 자신들의 주장을 보도하도록 해요.

압력 단체와 정치인

압력 단체는 정치인을 직접 만나기도 해요. 정치인은 압력 단체가 원하는 것이 무엇인지, 그것이 왜 필요한지 귀 기울여 들어요. 때로 함께 회의도 하지요. 그런데 압력 단체들 사이에도 영향력의 차이가 있어요. 규모가 크거나 돈이 넉넉한 압력 단체일수록 정치인을 자주 만날 수 있고, 그만큼 정치인을 설득할 가능성도 커요. 작은 압력 단체는 정치인을 만나는 것조차 쉽지 않을 때가 많아요.

압력 단체의 활동은 민주주의에도 도움이 돼요. 하지만 일부 압력 단체의 영향력이 너무 세면 문제가 생길 수도 있어요. 정치인들이 몇몇 압력 단체의 주장만 편들게 될 테니까요. 그 주장이 많은 사람의 이익을 해친다 해도 말이에요.

저항하라! 시위하라!

정부가 무언가 잘못하고 있다는 생각이 들 때 목소리를 내는 대표적인 방법이 **시위**예요. 사람들이 다 함께 모여서 자신들의 주장을 나타내는 것이지요. 최근 100년 동안에 있었던 유명한 시위를 몇 가지 알아보아요.

우리는 선거권을 원한다!

언제 어디서? 1963년 미국 워싱턴

시위의 내용 1960년대 미국에서 흑인은 이등 시민으로 취급받았어요. 식당, 극장, 버스 등 여러 장소에서 백인과 따로 분리되어야 했지요. 흑인 차별에 항의한 이 시위는 흑인 민권 운동 안에서도 규모가 무척 큰 시위였어요.

이후의 변화 흑인 민권 운동은 1965년 흑인들의 투표를 보장하는 법을 이끌어 냈어요. (63쪽을 보세요.) 그 뒤로도 흑인 차별을 막기 위한 여러 법이 만들어졌어요.

운동

시위 한 번으로 당장 변화를 이룰 수는 없어요. 하지만 한 번의 시위가 또 다른 시위를 낳고 또 낳다 보면, 사람들이 조직적으로 힘을 모아 함께 활동을 벌이게 돼요. 이것을 '**운동**'이라고 해요.

걸어서 장소를 이동해 가며 시위하는 것을 '**시위행진**'이라고 해요. 한자리에서 시위하는 것은 '**집회**'라고 하지요.

한 장소에 버티고 서서 이동하기를 거부하는 시위도 있어요. 예를 들어, 어떤 건물을 허무는 것에 반대한다는 의미로 불도저 앞에 서서 불도저가 못 움직이게 하는 거예요.

우리는 독립을 원한다!

언제 어디서? 1930년 영국의 식민지였던 인도

시위의 내용 당시 영국은 인도에서 소금 생산을 독차지했어요. 인도인이 소금을 채취하는 것은 불법이었어요. 인도인들의 지도자였던 마하트마 간디는 사람들을 이끌고 바닷가까지 시위행진을 했고 그곳에서 소금 한 줌을 집었어요. 이렇게 항의의 뜻으로 일부러 법을 어기는 것을 '**시민 불복종**'이라고 해요.

이후의 변화 간디는 체포되었지만 금방 풀려났어요. 독립을 원하는 시위가 계속 되었고 마침내 인도는 영국의 지배에서 벗어날 수 있었어요.

주의할 점! 시위가 언제나 좋게 끝나진 않아요. 경찰이 폭력을 휘두르며 시위를 해산시키는 경우도 있어요. 또 시위 자체가 범죄인 나라도 있지요. 때로는 시위하는 사람들 또한 폭력을 휘두르기도 해요.

우리는 민주주의를 원한다!

언제 어디서? 1989년 중국

시위의 내용 대학생들이 베이징에 있는 천안문 광장에서 시위를 벌였어요. 공산당 정부에 대항해 민주주의를 요구하는 시위였어요.

이후의 변화 정부는 천안문 광장에 군대를 출동시켰어요. 탱크까지 동원되었지요. 그 바람에 수많은 사람이 죽거나 다쳤어요. 시간이 흐른 뒤에도 중국은 여전히 민주주의와는 거리가 멀어요. 그래도 공산주의는 조금 변했지요. **자본주의 경제 체제**를 도입했거든요. (86~87쪽을 보세요.)

1960년대 흑인 민권 운동이 성공했지만 미국에서 흑인에 대한 차별이 완전히 없어지지는 않았어요. 특히 백인 경찰이 흑인을 공격하는 사건이 종종 벌어지고 있어요. 그래서 최근에는 '흑인의 생명도 소중하다'라는 뜻의 **블랙 라이브스 매터(Black Lives Matter)** 운동이 일어났고 지금도 계속되고 있어요.

혁명을 일으켜라!

사람들이 선거가 아닌 다른 방법을 통해 정부로부터 권력을 빼앗는 것을 '**혁명**'이라고 해요. 혁명은 때로는 폭력적으로, 때로는 평화적으로 이뤄져요.

어떤 때 혁명이 일어날까요?

정부가 국민에게 지지받지 못하는 데다 심지어 민주주의는 나 몰라라 해요. 그렇다면 혁명만이 이 정부를 없앨 수 있는 방법이겠지요. 다음과 같은 경우예요.

1970년대 **이란**

국민에게 지지받지 못한 팔레비 왕조는 1979년에 무너졌어요.

위기 상황이 닥쳐요. 국민이 걷잡을 수 없는 분노에 휩싸여, 더 이상은 도저히 참을 수가 없게 된 거예요. 다음과 같은 경우예요.

1780년대 **프랑스**

"빵 값이 하늘까지 치솟았다! 백성이 굶주리고 있다!"

"세금이 너무 많다!"

"우리가 배를 곯는 동안 왕과 귀족은 호화롭게 살고 있다니!"

프랑스 혁명은 1789년에 시작되었어요. 프랑스 왕인 루이 16세는 1793년에 처형당했어요.

사람들이 들고일어나 정부에 맞서 싸워요. 무기가 동원되기도 해요. 이 과정에서 목숨을 잃는 사람도 많아요.

1953년 **쿠바**
피델 카스트로는 정부에 맞서 혁명군을 이끌었어요.

"동지들, 공격하라!"

많은 혁명군이 죽거나, 잡혀서 고문을 당했어요. 하지만 남은 사람들은 계속 싸웠어요. 마침내 1959년 혁명군은 정부를 무너뜨렸어요.

혁명 이후에는 어떻게 될까요?

군대와 경찰이 혁명의 편에 서면 혁명이 성공하는 데 큰 도움이 돼요. 다음과 같은 경우에요.

2010~2011년 튀니지

국민이 독재자나 다름없는 대통령에게 대항해 혁명을 일으키자, 대통령은 군대에 총을 쏘라고 명령했어요. 하지만 군대는 이 명령을 거부했어요.

절대 안 돼!

혁명은 몇 달이나 계속되었고 결국 대통령은 자리에서 물러났어요.

어떤 혁명에서는 많은 사람이 위험을 무릅쓰고 따르는 지도자들이 큰 활약을 해요. 이 지도자들은 카리스마적 성격을 가지고 있어요. 다음과 같은 경우예요.

투생 루베르튀르
(아이티 혁명, 1790년대)

에밀리아노 사파타
(멕시코 혁명, 1910년)

블라디미르 레닌
(러시아 혁명, 1917년)

혁명 이후에 사람들은 새로운 정부의 정치 체제를 무엇으로 할지 결정해야 해요.
민주주의? 공산주의? 신권 정치?

튀니지는 대통령이 물러난 다음에 임시 정부가 들어섰어요. 자유롭고 민주적인 선거는 2014년에야 실시되었지요. 민주주의가 계속 지켜졌으면 좋겠어요.

2014년 투표하기 위해 줄을 선 튀니지 사람들

새로 탄생한 민주주의 국가들은 아직 정치적으로 불안정해요.

우리는 무엇을 할 수 있을까요?

나 한 사람이 세상을 바꾸기 위해 과연 무엇을 할 수 있을지, 생각해 보면 막막하기만 해요. 빈부 격차, 인권 침해, 환경 오염 같은 문제들은 너무 큰 문제처럼 느껴져요. 하지만 여러분이 아직 어려서 선거에 참여할 수 없다 해도, 여러분이 할 수 있는 일은 꽤 많아요. 친구나 가족과 정치에 대해 이야기하는 것만으로도 사람들의 생각에 변화를 일으켜서 세상을 바꿀 수 있어요.

이런 일들을 직접 해 보세요.

편지 쓰기

중요한 사회적 문제에 관한 여러분의 의견을 편지에 써서 정치인이나 기자에게 보내세요. 친구에게도 같이하자고 하세요.

공익 단체에 참여하기

그린피스 같은 공익 단체에 참여하세요. 또는 여러분이 사는 지역에 새로운 도서관이나 병원을 짓고자 하는 운동이 있다면 함께하세요.

학교 선거에 출마하기

학교에서 반장 선거나 회장 선거에 출마하세요. 공약을 만들고 연설을 하고 친구들을 설득하세요. 반장이나 회장이 되면 학교 안의 문제뿐 아니라 학교 주변의 문제에도 목소리를 내세요. 특히 정치인이 되고 싶은 어린이라면 좋은 경험이 될 거예요.

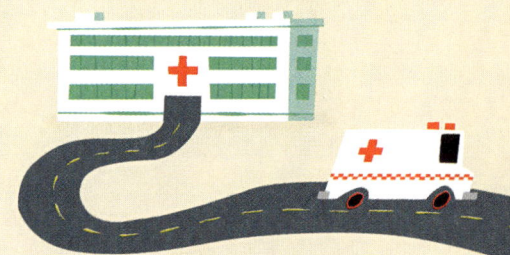

학급 회의에서 토론하기

학급 회의에서 적극적으로 의견을 내며 토론을 벌이세요. 토론을 하면 자신의 생각을 명확히 말하는 법을 배울 수 있어요. 또한 다른 의견을 귀 기울여 듣고 적절하게 반박하는 법도 배울 수 있고요.
(118쪽에서 더 알아보세요.)

주변 어른들 들볶기

관심이 가는 정치적 주제를 가지고 주변 어른들을 들볶으세요. 자꾸 질문하고 의견을 말하는 것이지요. 그러다 보면 여러분의 토론 솜씨도 부쩍 늘 거예요. 어른들이 여러분의 의견을 듣고 선거에서 뽑을 후보자를 결정할 수도 있어요.

신문과 뉴스 보기

세상을 바꾸려면 일단 세상이 어떻게 돌아가는지를 알아야 해요. 선입견을 조심하면서, 다양한 관점을 가진 여러 신문과 뉴스를 접하세요. 균형 잡힌 시각을 가질 수 있을 거예요. (108~109쪽에서 더 알아보세요.)

불매 운동 하기

어떤 기업이 옳지 않은 행동을 했다면 그 기업의 물건을 사지 마세요. 예를 들어, 어떤 패스트푸드 기업이 직원을 함부로 대했거나 세금을 내지 않았거나 어린이에게 일을 시킨 경우, 그 기업의 햄버거를 사 먹지 않는 거예요.

이러한 것을 '**불매 운동**'이라고 해요. 많은 사람이 불매 운동에 동참하면 그 기업은 변화를 선택하지 않을 수 없겠지요. 하지만 그 전에 그 기업이 잘못을 저지른 것이 사실인지 확인해야 해요. 인터넷에 떠도는 고발들 중 상당수가 거짓이기도 하거든요.

스스로에게 묻기

지금 나라가 어떻게 돌아가고 있는지 스스로에게 질문을 던져 보세요. 그리고 그 답도 스스로 찾아보세요. 그것이 곧 세상을 바꾸기 위한 준비랍니다.

어른이 되었을 때

투표하기

선거에 참여하세요. 투표용지 한 장으로 뭐가 달라질까 싶어도 그 한 장, 한 장이 모이면 큰 변화를 불러일으킬 거예요.

정치인 되기

정치인은 누구나 가질 수 있는 직업은 아니에요. 엄청나게 열심히 일해야 하고 의지도 강해야 하거든요. 하지만 누가 알겠어요? 여러분이 바로 미래의 대통령이 될지도 모르지요!

제5장
정치사상

    정치인은 선거에서 당선되기 위해 약속을 해야 해요. 더 나은 사회를 만들겠다는 공약이지요. 어떤 정당에 속한 정치인이든 정치인이 하는 약속들은 대개 비슷비슷해 보여요. 부잣집에서 태어난 사람부터 가난한 집에서 태어난 사람까지 누구에게나 성공의 기회가 공정하게 주어지도록 하겠다고들 말하지요.

    하지만 그 성공이 정확히 무엇을 뜻하는지, 누구에게나 공정한 사회를 이루는 방법이 무엇인지에 대한 생각은 정치인마다 다를 수 있어요. 이러한 생각을 '**정치사상**'이라고 해요.

정치인의 역할

정치인이라는 직업은 세상에서 가장 힘든 직업에 속해요. 우리 사회의 모든 부분을 더 나아지게 해야 하거든요. 그것도 최대한 빨리 말이에요. 서로 전혀 다른 주장을 하는 다양한 집단을 두루 만족시켜야 할 때도 있지요. 돈이 충분하지도 않으니 더욱 힘들 수밖에요.

중학교와 고등학교에 비해서 초등학교에 대한 세금 지원은 늘 부족해요. 왜죠?

저축에 신경 쓸 여유가 어디 있어요? 당장 연봉이나 오르게 해 주면 좋겠네요.

자동차를 사서 자유롭게 다니고 싶지만 환경도 보호하고 싶어요. 어떤 방법이 있을까요?

정부는 이 나라에서 태어난 국민보다 이민자를 먼저 챙긴다니까요!

당신이 입에 풀칠도 못 할 만큼 형편이 어려워서 다른 나라에 이민 가게 됐을 때도 그런 말을 할 수 있을까요?

정부가 이렇게 부자들에게만 자꾸 세금을 올린다면 나는 전 재산을 챙겨서 해외로 이민 가겠어요.

정치인이 하는 일은 여러 개의 공을 한꺼번에 돌리는 저글링에 비유할 수 있어요. 공 하나하나는 사회가 필요로 하는 것들이에요. 공의 개수가 많으면 많을수록……

……손에서 놓쳐서 아래로 떨어지는 공들이 생기기 마련이지요.

이상주의와 실용주의

정치인들이 더 좋은 사회를 만들기 위해 하는 노력에는 크게 두 가지 방향이 있어요. 이상주의와 실용주의예요.

저는 이상주의자예요.

저는 실용주의자예요.

우리가 사는 세상이 이대로도 괜찮다고 생각하지 않아요. 더 나아져야 한다고 봐요.

저도 그래요! 정치를 통해 변화시키는 게 가장 좋은 방법이죠.

네, 맞아요! 먼저, 이상적인 세상을 상상해 봅시다. 모두에게 공정한 세상을요.

그건 시간 낭비예요! 정치인은 당장 해결해야 할 심각한 문제들이 쌓여 있다고요. 실용적인 접근을 해야죠.

문제를 해결하려면, 어디를 향해 가야 할지 이상적인 목표를 정해야 하잖아요.

뭐가 이상적인지를 누가 알아요? 당신이?

저일 수도 있죠.

당신의 이상적인 목표가 제가 생각하는 이상적인 목표와 다를지도 모르잖아요.

당신은 이상적인 세상을 믿지 않는군요.

제가 이상적이라고 생각하는 게 딱 하나 있긴 하죠. 사람들이 민주적으로 내린 결정을 존중해야 한다는 점이에요. 우리 둘의 생각을 두고 투표해 볼까요? 누구의 생각이 더 지지 받는지 보자고요!

좌파와 우파, 큰 정부와 작은 정부

정당은 특정한 정치사상을 바탕에 두고 그 정치사상에 따라 행동하곤 해요. 정치사상은 대개 좌파에서 우파 사이의 어느 한 지점에 있어요. (59쪽을 보세요.)

좌파, 우파라는 말은 어디에서 왔을까요?

좌파, 우파라는 말은 18세기에 시작되었어요.
그 당시 프랑스 의회에서 혁명을 바라는 정치인들은 왕의 왼쪽에,
왕을 지지하는 정치인들은 왕의 오른쪽에 앉았거든요.

정부는 어디까지 책임져야 할까요?

좌파와 우파의 의미는 시간이 흐르면서 나라마다 다양하게 변했어요. 하지만 대략적으로 설명하자면, 좌파는 정부가 적극적으로 나서서 국민을 챙겨야 한다고 생각하고, 반면에 우파는 정부가 국민이 스스로 알아서 하도록 간섭을 최소화해야 한다고 생각해요.

나는 우파야. 정부는 국민을 안전하게 지키기만 하면 되지. 국민을 하나하나 돌보는 게 정부가 할 일은 아니라고 봐.

나는 좌파야. 어려운 상황에 처한 국민이 있으면 온 사회가 책임감을 가지고 도와야 한다고 생각해.

그 '사회'가 꼭 정부여야 하나? 사람들이 간섭을 받지 않고 서로서로 도우면 되잖아.

실제로는 사람들이 그러려고 하지 않는 게 문제지. 정부가 세금을 가지고 그 일을 맡아서 하면 소외되는 사람은 아무도 없을 거야.

하지만 정부가 내게 그렇게 하라고 강요할 수는 없어. 게다가 사람들이 일하려고 하지 않고 정부의 도움만 기다릴 수도 있다고.

가난한 사람들이 홀로 설 수 있도록 돕지 않으면 결국 부자들만 더 많은 힘을 가지게 될걸!

이런 논쟁은 몇 시간이고 이어질 수 있어요.
자주 일어나는 일이지요.

자유주의와 보수주의

좌파와 우파는 주로 경제적인 면과 관련되어 있어요. 하지만 경제적인 면보다는 결혼과 가족, 종교, 교육 등 문화적인 면을 더 중요하게 여기는 사람도 많아요. 그 기준에 따라 자유주의와 보수주의로 나누기도 해요.

나는 **자유주의자**예요. 사람들이 서로 해치지 않도록 하는 법은 있어야 한다고 생각해요. 하지만 그와는 별개로, 사람들이 어떤 식으로 살아야 하는지는 법으로 정하면 안 돼요. 그런 건 자유에 맡겨야죠.

나는 **보수주의자**예요. 우리 사회는 보호해야 할 가치가 있다고 생각해요. 빠른 변화는 위험해요. 책임감 있는 정부라면 하나의 법을 바꾸더라도 사회 전체적으로 명확한 동의를 얻을 때까지 기다려야 해요.

정부는 얼마나 커야 할까요?

큰 정부란 큰 건물에 있는 정부가 아니에요. 큰 정부라 할 때는 정부가 쓰는 돈의 양이나 국민에게 걷는 세금의 양과 관련되어 있지요. 또한 정부가 국민의 삶에 얼마나 신경을 쓰는지와도 관련되어 있어요.

큰 정부

- 노동자들이 일한 대가를 충분히 받고 소비자들이 바가지를 쓰지 않도록 법으로 정해 놓아요.
- 자전거 헬멧을 꼭 써야 한다는 등 안전을 지키도록 하는 법이 있어요.
- 무상 의료 같은 공공 서비스가 많아요.
- 경찰도 많고 권력을 감시하는 기관도 많아요. 모두를 더 안전하게 해 줘요.
- 세금이 높아요.

작은 정부

- 경찰의 활동을 제한해요.
- 개인이 살아가는 방식을 정하는 법은 거의 없어요. 서로 피해를 끼치지 않게 하는 법만 있어요.
- 기업을 규제하는 법이 많지 않아서, 새로운 사업이 더 빨리 성공할 수 있어요.
- 세금이 낮아요.
- 공공 서비스가 적거나 아예 없어요.

자본주의와 사회주의

19세기 유럽에서는 산업 혁명이라는 거대한 변화가 사회 전체를 뒤흔들었어요. 수많은 공장이 생겨났고, 공장 안을 가득 채운 기계들이 빠른 속도로 상품을 만들어 냈어요. 덕분에 어떤 사람들은 큰돈을 벌었지요. 이러한 변화 속에서 '**자본주의**'와 '**사회주의**'라는 새로운 정치사상이 발달했어요.

자본가는 이러한 변화를 마냥 좋게만 생각했어요.

이 공장은 현대적이고 효율적이죠! 우리가 이 나라를 엄청나게 발전시키고 있어요!

하지만 사회주의자는 산업 혁명 때문에 사회에서 다수를 차지하는 노동자가 피해를 입고 있다고 생각했어요.

 공장에서 일하는 시간이 너무 길어요.

 돈은 이것밖에 안 줘요.

 진짜 지루한 일이에요.

 게다가 사장은 우리가 다쳐도 신경도 안 써요.

사회주의자는 완전히 새로운 세상을 생각해 냈어요.

공장을 다 함께 소유해요.

다 함께 일하고요.

결과물도 다 함께 나눠요.

흥, 시작은 그럴듯하군. 하지만 두고 봐요. 사람들은 자기 것을 나누고 싶어 하지 않는 법이죠. 저렇게는 절대 안 될걸요!

몇몇 사회주의자는 공장을 공정한 방식으로 운영했어요. 하지만 대부분 돈을 많이 벌지 못하거나 일자리를 충분히 만들지 못했지요. 사회주의보다 급진적인 공산주의는 사회 전체를 바꾸려고 시도하게 돼요. (34~35쪽을 보세요.)

나는 사회주의자일까요, 자본주의자일까요?

여기서 시작
법에 어긋나지만 않으면, 누구나 가능한 한 많은 돈을 자유롭게 벌 수 있어야 해요.

→ **아니요**: 공정하지 않아요! 오직 일부 사람만 많은 돈을 벌게 될 거예요!

→ **당신은 순수한 사회주의자**
사회는 모든 것을 공유할 때 가장 잘 돌아가요.

예 ↓

어떤 사람은 부유하고 어떤 사람은 가난한 것이 공정할까요?

→ **아니요**: 많은 부자가 스스로 돈을 버는 것이 아니라 부모에게 돈을 물려받아요. 이는 부당한 특권이에요. 이러한 재산 일부는 정부가 걷어서 공유해야 해요.

→ 정부는 부자가 번 돈 중에서 일부를 가져가야 할까요?
- **예** → (순수한 사회주의자)
- **아니요** → 일한 만큼 돈을 벌지 못하면, 사람들은 열심히 일하지 않을 거예요.

예 ↓

부자들은 많은 돈을 가질 자격이 있어요. 부자들이 일자리를 만들지요.

→ 정부는 기업이 성공하든 실패하든 알아서 하게 두어야 해요. 하지만 그렇다고 정부가 경제에 전혀 신경 쓰지 말아야 할까요?

- **예**: 기업더러 노동자에게 친절히 대할 것을 강요할 필요는 없어요. 기업은 스스로 잘 돌아가게 하기 위해 노동자에게 대우를 할 거예요.
  → **당신은 순수한 자본주의자**
  사람들이 자유롭게 돈을 벌 때 사회가 가장 잘 돌아가요.

- **아니요** → 기업을 규제하는 법은 꼭 필요해요. 만약 없다면 기업은 노동자를 함부로 대할 거예요.

정부가 세금으로 공기업을 운영해야 할까요?

- **아니, 전혀요.** → **당신은 수정 자본주의자**
  사기업은 공기업보다 훨씬 효율적이에요. 하지만 그래도 기업이 노동자를 공정하게 대우하도록 하는 법은 필요해요.

- **네, 조금은요.** → 전기나 대중교통처럼 많은 사람이 이용하는 부분은 정부가 책임지고 운영해야 안전을 지킬 수 있어요.
  → **당신은 사회 민주주의자**
  자본주의는 기업이 효율적으로 운영되게 해 줘요. 하지만 그렇다고 자본주의가 모든 것에 적합하진 않아요.

요즘은 대부분의 나라가 자본주의와 사회주의를 다 조금씩 적용하고 있어요.

민족주의

한 나라의 국적을 가진 사람을 국민이라고 하지요. '**민족**'이란 국민과 비슷하면서도 달라요. 한 나라에서 오랫동안 함께 생활하면서 같은 문화와 역사와 언어를 가진 사람들의 집단이 민족이에요. 민족을 가장 중요한 가치로 여기는 생각을 '**민족주의**'라고 해요.

민족은 우리 일상생활에 스며들어 있어요.

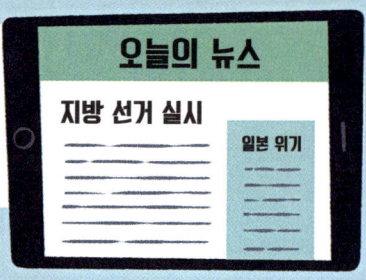

하지만 누가 어느 민족에 속해 있는지 명확하지 않을 때도 있어요.

같은 민족이라는 것은 같은 나라 국민이라는 것을 뜻할 때가 많아요. 하지만 사람에 따라서는 같은 인종이라는 것을 뜻하기도 하고, 같은 부족이라는 것을 뜻하기도 해요. 그만큼 민족은 딱 이거다 하고 정의 내리기가 애매하지요.

민족주의와 국제주의와 애국주의

민족주의자는 정부가 다른 나라에 사는 다른 민족보다 자신의 민족을 우선해야 할 책임이 있다고 생각해요. 그렇다고 다른 나라 사람들이 힘들 때 나 몰라라 해도 된다고 여기지는 않아요.

자신의 나라에 홍수가 났을 때

다른 나라에 홍수가 났을 때

어떤 사람들은 민족주의가 옳지 않다고 생각해요. 인간이라면 사는 곳에 상관없이 똑같은 책임감을 가지고 서로를 대해야 한다고 믿기 때문이에요. 이러한 생각을 '**국제주의**'라고 해요.

자신의 나라를 사랑하고 자랑스러워하는 마음을 '**애국주의**'라고 해요. 하지만 애국주의자가 되기 위해서 꼭 민족주의자가 될 필요는 없어요. 만약 여러분이 민족에 상관없이 모든 사람을 평등하게 대해야 한다고 생각한다면 여러분은 국제주의자겠지만, 그래도 국가를 부를 때 여러분의 나라를 자랑스러워할 수 있지요.

또 민족주의자가 되기 위해서 꼭 애국주의자여야 할 필요도 없고요. 자신의 나라에 대해 별 감정이 느껴지지 않더라도, 자신의 민족이 우선이라고 생각할 수는 있으니까요.

여러 민족이 이룬 나라

하나의 민족이 모여 이룬 나라도 있지만, 여러 민족이 모여 이룬 나라도 있어요.

영국을 예로 들어 볼게요. 영국은 하나의 독립국이에요. 그런데 그 안에는 네 민족이 모여 있어요. 그래서 민족에 따라 네 지역으로 나뉘어 있지요.

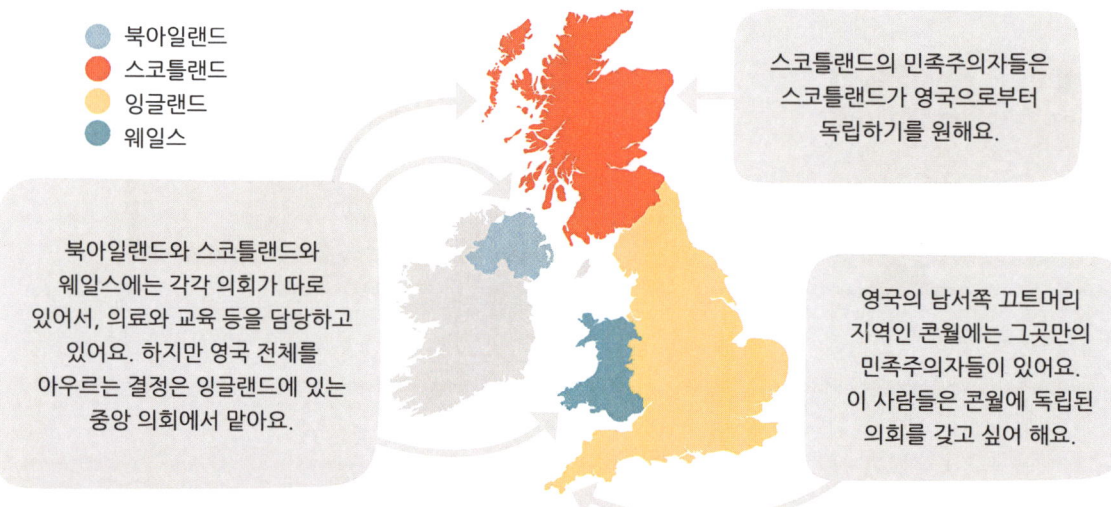

- 북아일랜드
- 스코틀랜드
- 잉글랜드
- 웨일스

스코틀랜드의 민족주의자들은 스코틀랜드가 영국으로부터 독립하기를 원해요.

북아일랜드와 스코틀랜드와 웨일스에는 각각 의회가 따로 있어서, 의료와 교육 등을 담당하고 있어요. 하지만 영국 전체를 아우르는 결정은 잉글랜드에 있는 중앙 의회에서 맡아요.

영국의 남서쪽 끄트머리 지역인 콘월에는 그곳만의 민족주의자들이 있어요. 이 사람들은 콘월에 독립된 의회를 갖고 싶어 해요.

새로운 나라로 탄생한 남수단

현재의 나라로부터 독립해 새로운 나라를 이루고 싶어 하는 민족주의자를 '**분리주의자**'라고 해요. 분리 독립 운동은 지금도 전 세계 곳곳에서 펼쳐지고 있어요. 영국의 식민지였던 수단은 독립 후 남부와 북부 민족 사이에 갈등이 깊어졌고, 수십 년에 걸쳐 내전을 벌였어요. 결국 2011년 남수단 사람들은 투표를 통해 수단으로부터 독립했어요.

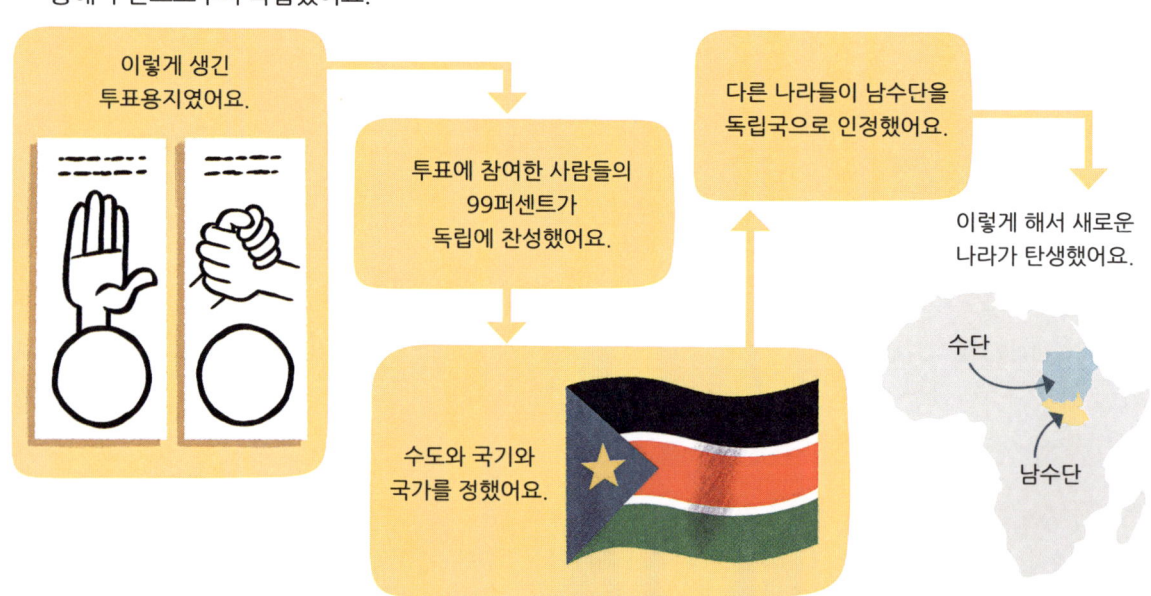

이렇게 생긴 투표용지였어요.

투표에 참여한 사람들의 99퍼센트가 독립에 찬성했어요.

다른 나라들이 남수단을 독립국으로 인정했어요.

이렇게 해서 새로운 나라가 탄생했어요.

수도와 국기와 국가를 정했어요.

수단
남수단

민족주의가 부른 폭력

유고슬라비아는 제2차 세계 대전 이후에 여러 민족이 뭉쳐 세운 공산주의 국가였어요. 하지만 1990년대에 유고슬라비아에서 보스니아헤르체코비나, 크로아티아, 슬로베니아, 마케도니아가 독립하게 되었지요. 그런데 그중 보스니아헤르체고비나는 민족들 사이의 갈등이 특히 심했어요. 민족에 따라 원하는 것이 제각각 달랐거든요.

이 갈등 때문에 결국 전쟁이 일어나고 말았어요. 수많은 사람이 죽거나 다쳤어요. 가장 끔찍한 사건은 세르비아 군대가 스레브레니차라는 마을에 쳐들어가 8,000명이 넘는 보스니아 사람들을 죽인 것이었어요. 이렇게 어떤 민족을 일부러 죽이는 것을 '**집단 살해**'라고 해요.

1995년 각 민족의 지도자들은 전쟁을 끝내고 새로운 정부를 세우기로 결정했어요.

보스니아헤르체고비나는 여전히 한 나라예요. 하지만 두 지역으로 나뉘어 있어요.

- 보스니아헤르체고비나 연방 - 보스니아 사람들과 크로아티아 사람들이 주로 사는 곳
- 스르프스카 공화국 - 세르비아 사람들이 주로 사는 곳

아직까지는 폭력이 일어나지 않고 이 새로운 정치 체제가 계속되고 있어요.

어떤 정치사상이 마음에 드나요?

이 표에는 여러 가지 정치사상이 정리되어 있어요. 각 정치사상의 특징을 담은 주장도 보여 주지요. 사람들과 정당들은 대개 여기 있는 정치사상들 중 하나 이상을 동시에 지지해요. 여러분도 어떤 점은 **좌파**가 좋지만, 어떤 점은 **우파**가 좋을 거예요. 또 어떤 문제에 대해서는 **큰 정부**가 더 낫다고 생각하지만, 큰 정부가 마음에 들지 않는 점도 있을 거예요.
(84~85쪽을 보세요.)

공산주의
정부는 모든 공공 서비스를 책임져야 하고, 모든 산업을 직접 운영해야 해요.

사회주의
정부는 의료나 교육, 전력공급 등 주요한 공공 서비스를 책임져야 해요. 그러려면 부자가 세금을 더 많이 내야 해요.

내 생각에는 여기가 중립인 것 같아.

좌파 ← 사회적 책임

사회 민주주의
정부는 사람들이 알아서 마음껏 돈을 벌 수 있도록 해야 해요. 하지만 이익을 공유하도록 해야 하고, 공공 서비스도 책임져야 해요.
(87쪽을 보세요.)

좌파 자유주의
정부는 인종, 성별, 종교 등에 상관없이 모든 사람을 보호하는 법을 만들어야 해요. 하지만 동시에 동성애 결혼 금지같이 개인의 선택을 제한하는 법은 줄여야 해요.

좌파 무정부주의
누구도 자신만의 재산을 가져서는 안 돼요. 그리고 정부는 존재해서는 안 돼요.

좌파 자유지상주의
각자 자신만의 재산을 가져도 좋아요. 하지만 다른 사람을 지배할 만큼 너무 많이 가져서는 안 돼요.

큰 정부

정부의 통제

파시즘
세상에는 다른 인종보다 뛰어난 인종이 있고, 뛰어난 인종은 열등한 인종을 지배할 권리가 있어요.

보수주의
사회가 안정적인 것이 가장 중요해요. 정부는 전통적인 가치를 지켜야 하고 사회가 급격히 변화하지 않도록 해야 해요.

서로 다른 나라에 사는 사람들은 정치적 중립이 어느 지점인지에 대해 의견이 다를 때가 많아요.

개인의 책임

우파

나는 여기가 중립 같은데!

고전적 자유주의
정부는 모든 사람의 자유를 보호해야 해요. 그리고 세금은 낮추어야 해요. 세금이란 곧 정부의 지나친 간섭이니까요.

자본주의
정부는 사람들이 어떻게 돈을 벌든, 어떻게 기업을 운영하든, 최대한 내버려 두어야 해요. 사람들은 의료, 교육, 안전 같은 것들을 정부에 요구하지 말고 각자 자기 돈으로 알아서 해야 해요.

개인의 자유

작은 정부

우파 무정부주의
누구나 재산을 가질 권리가 있어요. 하지만 정부는 존재해서는 안 돼요.

제6장
중요한 질문들

　정치사상은 '우리 사회가 어떤 모습이어야 할까?'라는 질문에 대한 대답이라고 할 수 있어요. 물론 그것은 중요한 질문이에요. 하지만 우리 사회에 대한 더욱 구체적인 질문들도 있어요. 이런 질문들 역시 정치와 밀접하게 연관되어 있지요.

　제6장에서는 '전쟁이 필요한 경우도 있나요?'부터 '테러는 뭐예요?'까지, 그리고 '표현의 자유는 언제나 좋은 건가요?'부터 '나는 페미니스트일까요?'까지, 정치와 연관된 여러 중요한 질문에 대한 답을 탐구해 보아요.

인권은 어떻게 지킬 수 있나요?

'**인권**'이란 우리가 인간으로서 누구나 가지는 기본적인 권리예요. 권리란 당연히 받아야 하고 누려야 하는 것을 뜻해요. 이를테면, '인간은 차별받지 않을 권리가 있다.'라든가 '인간은 깨끗한 공기를 마실 권리가 있다.'라는 것처럼요. 한 나라의 정부라면 국민의 인권을 지키고 보호해야 할 책임이 있어요.

1948년 유엔은 **세계 인권 선언**을 발표했어요. 세계 인권 선언에는 이런 내용이 담겨 있어요.

원칙적으로 인간은 누구나 인권을 가져요. 하지만 이런 원칙만 가지고는 인권을 지키기에 역부족인 상황도 많아요. 현실에서는 권력의 보호를 받아야 인권을 지킬 수 있다는 것이지요. 이런 점을 염두에 두지 않은 채 인권을 주장한다면 그것은 소용없는 일이에요.

한나 아렌트가 경험한 무국적

제2차 세계 대전 동안 많은 사람이 고향을 떠나야 했어요. 그중 한 명이 한나 아렌트였지요. 아렌트는 국적이 없이 어느 나라의 국민도 아닌 채 오랫동안 지냈어요.

1929년 베를린으로 이사했어요. 1933년 나치에 반대하다 체포되었어요.

한나 아렌트는 1906년 독일 하노버에서 태어났어요.

1933년 체코슬로바키아로 떠났어요.

프랑스 파리로 갔어요.

1937년 독일 국적을 박탈당했어요.

1940년 프랑스 남부의 귀르 수용소에 갇혔어요.

스위스 제노바로 갔어요.

1950년 미국 국적을 얻었어요.

1941년 스페인과 포르투갈을 거쳐 미국 뉴욕으로 갔어요.

무국적 상태를 경험한 아렌트는 인권이란 한 나라의 국민일 때만 누릴 수 있을 뿐이라고 주장했어요. 나라가 국민을 버리면 국민은 자신의 권리를 보호받지 못하게 돼요.

오늘날에도 전 세계적으로 무국적자가 수백만 명에 달해요. 이들 대부분이 세계 인권 선언에 담긴 권리를 누리지 못하고 있어요. 인권이라는 것은 그저 뜬구름 잡는 이야기일 뿐일까요?

인권처럼 중요한 게 어디 있겠어요! 모든 사람의 인권을 늘 지키지는 못한다 해도, 언제나 인권을 목표로 삼아야 해요.

인권을 보호받지 못하는 사람들도 있는 건 사실이에요. 하지만 인권을 침해한 나쁜 사람에게 벌을 줄 때 인권은 일종의 기준이 될 수 있어요. 그러니 인권에 대해 이야기할 필요가 있지요.

인권이라는 건 너무 이상주의적인 생각이에요. 인권을 따지기보다는 세상이 더욱 공정해지도록 현실적인 노력을 해야 해요. 정부는 국민의 권리를 제대로 보호할 수 있어야 하고요.

인권을 지키기 위해서 우리는 어떤 행동까지 할 수 있을까요? 때로 전쟁까지도 불사해야 할까요?

전쟁이 필요한 경우도 있나요?

두 사람이 싸움을 벌이면 그 나라의 법에 따라 법원에서 시시비비를 가릴 수 있어요. 그런데 나라와 나라가 전쟁을 일으킨다면 어떨까요? 이때는 **국제법**이 적용돼요.

두 나라 사이에 또는 여러 나라 사이에 사이가 나빠져서, 급기야 군대가 출동하고 폭탄과 총알이 날아다니면 전쟁이 시작된 거예요. 사실 전쟁이 문제를 해결하는 방법으로 최악이라는 생각에는 모두 동의할 거예요. 하지만 아주 드물게, 유엔 안전 보장 이사회가 국제법에 따라 필요하다고 인정하는 전쟁도 있어요.

국제법은 한 나라의 법처럼 쭉 정리되어 있지 않아요. 조약 같은 나라와 나라 사이의 약속들이 모여 국제법이 되지요.

왜 전쟁을 바라나요?

우리 나라를 위해서 돈과 땅을 더 많이 갖고 싶어요.

다른 나라가 우리 나라를 침략해 왔어요! 우리 나라를 지켜야 해요.

다른 나라가 너무 힘이 세지고 있어요. 막아야 해요.

다른 나라에서 인권이 짓밟히고 있어요. 멈추게 하고 싶어요.

✗ 400년 전 절대 왕정에서는 이런 생각이 합리적이라고 여겨졌어요. 하지만 지금은 이런 생각으로 전쟁을 일으킨다면 그것은 **침략**에 불과해요. 국제법에 어긋나지요.

✗ 어느 한 나라가 지나치게 강력한 힘을 지니게 두어서는 안 된다는 이유는 얼핏 그럴듯하게 들리지요. 하지만 오늘날에는 전쟁을 정당화하는 이유가 되지 못해요.

✓ 다른 나라가 쳐들어와서 그에 대항해 전쟁을 하는 것은 국제법에 어긋나지 않아요. 이런 전쟁은 마땅히 해야 하지요.

? 이것은 좀 복잡한 문제예요. 어떤 사람들은 이런 전쟁은 정당할 뿐만 아니라 의무라고 생각해요. 하지만 자칫 힘센 나라가 인권을 구실로 약한 나라에 이래라저래라 할까 봐 걱정하는 사람들도 있어요.

전쟁을 할 때 내세우는 이유가 알고 보면 진짜 이유가 아닐 수도 있어요. 무언가 다른 꿍꿍이가 있는 것이지요.

이라크에서 벌어진 두 번의 전쟁

지난 30년여 동안, 여러 나라가 이라크에 전쟁을 선포한 적이 두 번 있었어요.

첫 번째 이라크 전쟁

1990년
이라크가 쿠웨이트를 침략했어요. 이라크 대통령인 사담 후세인은 쿠웨이트가 이제 이라크 영토라고 선언했지요.

유엔은 이라크에 쿠웨이트를 떠나라고 요구했어요. 사담 후세인이 거부하자, 유엔은 회원국들이 이라크에 대해 전쟁을 하도록 결정했어요.

1991년
35개 나라에서 온 군대가 이라크군을 쿠웨이트에서 몰아냈어요. 본격적으로 전투가 시작된 지 겨우 100시간 만에 이라크는 항복했고 전쟁은 끝났어요.

사담 후세인

유엔은 사담 후세인에게 전쟁으로 쿠웨이트에 끼친 피해를 보상하라고 했어요. 그리고 많은 무기를 파괴하겠다고 약속하게 했지요.

10년이 지난 뒤인 2002년 유엔에서 미국 대통령인 조지 부시가 목소리를 높였어요. 사담 후세인이 인권을 짓밟고 있고 치명적인 불법 무기를 만들고 있다고 말이에요. 하지만 유엔은 전쟁을 허락하지 않았어요. 그런데도 전쟁은 일어나고 말았지요.

두 번째 이라크 전쟁

2003년
미국이 세 나라의 지원을 받으며 이라크에 전쟁을 선포했어요. 미국은 사담 후세인이 불법 무기를 지녔다는 증거를 가지고 있다고 했지요.

네 나라는 며칠 만에 이라크의 수도인 바그다드를 점령했어요. 사담 후세인은 도망칠 수밖에 없었지요. 사담 후세인이 국민의 인권을 짓밟아 왔던 터라, 많은 이라크 사람이 기뻐했어요.

그해, 사람들은 사담 후세인의 동상을 끌어내렸어요.

새 정부가 안정을 이루지 못하면서, 이라크는 혼란에 빠졌어요. 네 나라의 군대는 이라크를 돕기 위해 아직 남아 있었지만, 이라크 사람들은 외부의 개입에 거세게 반발했어요.

2006년
사담 후세인이 붙잡혔어요. 인권을 짓밟고 집단 살해를 한 죄로 처형되었지요.

2011년
네 나라의 군대가 마침내 이라크에서 철수했어요. 그해 말, 이라크는 미국이 주장했던 불법 무기를 지닌 적이 없다는 사실이 밝혀졌어요.

첫 번째 이라크 전쟁에 대해서는 많은 사람이 정당하다고 생각해요. 하지만 두 번째 이라크 전쟁에 대해서는 평가가 엇갈려요. 몇몇 사람은 사담 후세인이 유엔 규정을 어기고 인권을 짓밟았으니 정당한 전쟁이었다고 말해요. 하지만 사담 후세인의 힘이 너무 강해져서 미국이 그를 없애려 한 것이라 생각하는 사람도 많아요. 또 미국이 진실로 바란 것은 이라크의 석유였다고 보는 사람들도 있지요.

왜 어떤 나라는 가난한가요?

부자 나라에도 가난한 사람은 있어요. 그런데 어떤 나라는 가난한 사람이 너무너무 많아요. 국민 대다수가 입에 풀칠도 못할 정도로 힘들게 살고 있는 것이지요. 가난의 원인은 여러 가지예요. 자연 재해가 원인인 경우도 있고, 그 사회나 정부가 가진 문제점이 원인인 경우도 있어요.

경제 위기
한 나라의 경제란 돈의 양, 일자리, 생산량 등과 관련되어 있어요. 경제가 나빠지면 많은 사람이 일자리를 잃어요.

정치인의 부정부패
부패한 정치인들은 세금을 훔치기도 해요. 또 나라를 제대로 책임지지도 못하지요. (115쪽에서 더 알아보세요.)

전쟁
전쟁을 치르는 동안 정부는 돈을 많이 쓰게 돼요. 전쟁이 끝난 뒤 나라를 다시 일으키는 데도 돈이 많이 들어요.

자연 재해
자연 재해가 일어나면 건물이 파괴될 뿐 아니라 산업도 무너져요. 많은 사람이 순식간에 집과 직장을 잃고 가난해지지요.

왜 어떤 사람은 남보다 부자인가요?

왜 누구는 돈이 없어서 먹을거리도 사지 못하는데, 왜 누구는 같은 나라 사람인데도 돈이 넘쳐서 비싼 집에 고급 시계와 목걸이를 살 수 있을까요? 이유는 여러 가지가 있어요.

돈이 돈을 만들어요
애초에 돈을 많이 물려받으면 돈을 벌기가 더 쉬워요. 그래서 부자인 집안은 시간이 지날수록 더욱 부자가 되지요.

교육이 부족해요
기술을 배우고 자격증을 많이 따면 더 좋은 일자리를 얻을 수 있어요. 그런데 무언가 배울 때는 돈이 많이 들곤 해요. 그래서 가난한 집안은 가난에서 벗어나기가 더욱 어려워지지요.

행운이 따라요
어떤 사람은 행운이 따라 준 덕분에 돈을 벌어요. 예를 들어, 갓 세워진 기업에 들어가 일하는데 그 기업이 쑥쑥 커서 월급도 많아지는 거예요.

어떤 정치인은 가난한 사람들도 더 열심히 일하면 부자가 될 수 있다고 생각해요. 또 어떤 정치인들은 가진 것을 서로 나누어야 한다고 생각하고요. 87쪽에서 자본주의자의 주장과 사회주의자의 주장을 비교해 보세요.

부자 나라가 가난한 나라를 도와야 할까요?

부자 나라가 가난한 나라를 도와주기 위해 돈이나 식량 등을 주는 것을 '**경제 원조**'라고 해요.
하지만 경제 원조에는 여러 가지 조건이 붙을 때도 있어요.

저는 부자 나라의 정부에서 나왔어요.

저는 가난한 나라의 정부에서 나왔어요.
우리 나라는 과거에 당신 나라의 식민지였지요.

당신 나라가 어려움을 많이 겪고 있지요?
당신 나라만의 잘못은 아니니 도와 드리겠습니다.

좋습니다. 생색내시는 거겠지만,
우리에게 도움이 되긴 하겠군요.
돈을 주시면 새로운 발전소를 짓도록
하지요. 전기가 부족하거든요.

서류를 꼼꼼히 읽지 않으셨군요.
발전소는 친환경과 거리가 멀어요.
그러니 발전소에 저희 돈을 쓰실 수 없습니다.

하지만 이제 우리 돈이잖아요! 어디에
쓸지 우리가 정할 수 없다니요?

죄송하지만, 돈이 합리적으로 쓰일지
믿음이 안 가서요. 우리는 이 돈이 환경
보호에 쓰이길 바랍니다.

잠깐만요. 당신 나라가
우리 나라 자원을 마구 파헤치며 입힌
환경 피해는 어쩌고요?

돈을 한 푼도 주지 말아야 하나 봅니다.
당신 나라의 정부는 부패했어요.
그래서 돈의 절반은 국민이 필요로 하는 곳에
쓰이지 않고 엉뚱한 데로 흘러갈 거예요.

우리 삶에 간섭하려고 주시는 돈이라면
받지 않겠습니다.

101

테러리즘이 뭐예요?

'테러리즘'은 보통 사람들을 무차별적으로 겨냥해 일으키는 폭력을 말해요.
한 사회 전체를 두려움에 빠뜨리는 것이 테러리즘의 목표예요.

테러리스트가 진짜로 바라는 건 뭔가요?

모두를 겁에 질리게 하는 거예요. 그래야 자신들이 바라는 바를 이룰 수 있으니까요.
압력 단체와 비슷하지만, 평화적인 방법이 아니라 폭력과 두려움을 무기로 쓴다는 점이 달라요.

테러리스트는 사람들이 어떻게 하길 바라는 건가요?

어떤 테러리스트는 자신들이 자유를 위해 싸우는 전사라고 말해요. 다른 나라에 속해 있는
자기네 민족이 독립하기를 바라는 경우가 많아요. (90~91쪽을 보세요.) 또 자신들이 추구하는
삶의 방식을 다른 사람들도 따르기를 바라는 경우도 있어요.

사람들은 어쩌다가 테러리스트가 되나요?

테러리스트들의 집단은 공격적인 방식으로 사람들을 끌어모아요.
소셜 미디어를 통해 희망이나 두려움을 자극하는 식이에요.
그들은 갈수록 청소년들이나 학생들에게도 접근하고 있어요.

극단주의자는 또 뭐예요? 어떤 사람을 극단주의자라고 부르나요?

'극단주의자'는 한쪽으로 너무 치우친 과격한 믿음을 가지고 있어서
자신의 주장을 이루려고 무엇이든, 심지어 폭력까지도 동원하는 사람들을 말해요.

극단주의자는 어떤 믿음을 가지고 있나요?

그중에는 왜곡되고 뒤틀린 종교적 믿음을 가진 사람들도 있어요.
이들을 '원리주의자'라고 해요. 또 백인이 우월하다고 믿는
백인 우월주의자들도 있어요. 이 외에도 여러 종류의 잘못된 믿음을 가지고 있어요.

극단주의가 얼마나 퍼져 있나요? 우리가 두려워해야 할까요?

아주 많이 퍼져 있지는 않아요. 대부분의 나라에서는 교통사고 때문에
죽거나 다치는 경우가 훨씬 많아요. 테러리스트의 공격이 뉴스 첫머리에
나오는 까닭은 흔한 일이 아니기 때문이에요.

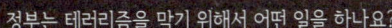

정부는 테러리즘을 막기 위해서 어떤 일을 하나요?

가장 흔히 하는 일은 공항에서 승객들의 가방과 옷가지를 검사하는 거예요. 비행기에 무기를 지니고 타지 않는지 확인하는 거예요.

그렇다면 그건 좋은 일이네요?

공항에서 사람들을 검사하면 테러리스트는 활동하기가 더 어렵겠지요. 그런데 '**프로파일링**' 기법이라고 해서, 인종이나 출신 지역에 따라 특정 집단 사람들을 더 심하게 검사하기도 해요. 그건 공정하지 않지요.

정부는 테러리스트로부터 우리를 보호하기 위해서 또 어떤 일을 하나요?

어떤 나라에서는 경찰의 힘이 커서, 테러리스트로 의심 가는 사람이라면 증거가 충분하지 않아도 체포할 수 있어요.

그러다 죄 없는 사람이 체포되면 억울하잖아요!

내 생각은 달라요! 테러리스트가 사람들을 죽이지 못하게 막기 위해서라면 그런 불편함은 마땅히 감수해야 한다고 생각해요. 게다가 나라의 첩보 기관이 개인의 휴대 전화 문자를 읽거나 도청하는 것을 허용해도 좋다고 생각해요.

나는 그 사람들이 내 문자를 읽는 게 싫어요!

균형 잡기가 어려운 문제예요. 많은 사람이 사생활 보호가 더 중요하다고 생각하긴 하죠. 하지만 경찰과 첩보 기관이 그러는건 다 죽음을 막고 위험한 테러리스트를 체포하기 위해서잖아요. 나는 내 사생활을 좀 희생해도 괜찮다고 생각해요.

교도소는 왜 필요한가요?

심각한 범죄를 저지른 사람들은 몇 년 또는 평생 동안 교도소에 갇혀 있게 돼요. 아무리 범죄자라 해도 사람의 자유를 빼앗는 것은 신중하게 결정해야 하는 일이에요. 반드시 타당한 이유가 있어야 하지요.

범죄자를 교도소에 가두는 것은 이런 이유들 때문이에요.

또 다른 범죄 막기
범죄자를 사회와 분리시켜서 더 이상의 범죄를 저지르지 못하게 해요.

겁 주기
사람들이 법을 어기는 것을 꺼리게 해요. 잡히면 교도소에 갇힐 거라고 겁을 주는 거예요.

범죄자 도와주기
범죄자가 교도소에서 새로운 기술을 배워 합법적으로 돈을 벌 수 있도록 도와요. 사회로 돌아간 다음에 다시 죄를 저지르지 않게 하기 위해서예요.

이 세 가지 이유 모두 실제로 적용되고 있어요. 미래에 일어날 수 있는 범죄를 예방하고 현재의 사람들이 위험에 빠지지 않도록 하는 것이 목표예요.

또 다른 이유도 있나요?

많은 사람이 중요하게 생각하는 이유가 하나 더 있어요. 바로 범죄자에 대한 **처벌**이지요. 범죄자는 자신이 지은 죄만큼 마땅히 벌을 받아야 한다는 것이에요. 이 이유를 중요하게 여기는 사람들은 범죄자를 엄하게 다루겠다고 말하는 정치인을 지지하곤 해요.

제가 당선되면 범죄자들이 교도소에서 못 나오게 하겠습니다!

네! 범죄자를 강하게 처벌해 주세요! 따끔한 맛을 보게 해 주세요!

무조건 강하게 처벌한다고 해서 범죄를 막을 수 있는 건 아니에요. 너무 지나친 처벌은 공정하지 않을 수도 있고요.

강력한 처벌이 해답이 아니라고 생각하는 사람도 많아요.

교도소를 향한 비판들

교도소에 대해서, 또 범죄자를 교도소에 가두는 것에 대해서 사람마다 다양한 의견이 있어요. 교도소가 제 기능을 못하고 있고 공평하지도 않다고 비판하는 의견도 있지요.

범죄자들을 한곳에 가둬 두면, 앞으로 더욱 교묘하게 범죄를 저지를 방법을 공유할 수 있어요! 교도소가 범죄를 키우는 셈이죠.

교도소 운영비가 어마어마하대요. 그 돈을 교육에 투자한다면 애초에 범죄에 발을 들이지 않게 할 수 있을 텐데.

교도소에 보내는 것이 공정하게 이뤄지지가 않아요. 미국에서는 똑같은 죄를 지어도 흑인이 백인보다 20퍼센트 더 긴 징역형을 받기 일쑤예요. 백인한테는 5년짜리 징역형이 흑인한테는 6년으로 변할 수 있다니까요.

교도소는 그 자체로 진짜 위험한 곳이에요. 다른 죄수들의 폭력에 벌벌 떨며 사는 죄수가 많아요. 교도관들조차 두려움에 떤다지 뭐예요.

범죄자를 교도소에 가두는 대신 다른 선택을 할 수도 있어요.

사과하게 하기

범죄자가 피해자를 만나 사과하고 서로에게 도움이 될 방법을 찾게 해요. 또 다른 범죄가 생길 가능성을 줄일 수 있어요.

교육받게 하기

범죄자를 가르쳐서 원래의 행동 방식을 바꾸도록 해요. 예를 들어, 과속 운전자나 음주 운전자에게 운전 교육을 다시 받게 하는 거예요.

전자 발찌 채우기

범죄자에게 전자 발찌를 채워요. 그러면 어디를 가든 경찰이 찾을 수 있으니까 큰 문제를 일으키지 못할 거예요. 이론상으로는 그러하지만, 현실이 꼭 이론대로 되는 것은 아니지요.

봉사 활동 시키기

쓰레기를 줍거나 낙서를 지우는 등 사회 전체를 위한 일을 하게 해요.

표현의 자유가 뭐예요?

'**표현의 자유**'란 권력으로부터 간섭받지 않고 자신의 생각을 마음껏 표현할 수 있는 자유를 뜻해요. 언론의 자유, 출판의 자유도 표현의 자유에 속하지요.

정부가 표현의 자유를 막기 위해 언론이나 출판, 예술 등의 분야에서 미리 그 내용을 검사하는 것을 '**검열**'이라고 해요. 예를 들어, 어떤 책을 검열했는데 마음에 들지 않는 내용이 있으면 그 책을 출판하지 못하게 해요.

'검열하다'를 뜻하는 영어 단어 센서(censor)는 고대 로마의 관리 이름인 '켄소르'에서 왔었어요. 켄소르는 시민들이 어떻게 행동하는지 감시하는 일을 하는 관리였어요.

자신의 들판을 이 꼴로 두다니. 분명 로마인답지 않은 일이로군. 들판 주인에게 본때를 보여 줄 거야!

고대 로마의 켄소르

정치에서 표현의 자유가 왜 필요해요?

서로의 정보나 생각을 자유롭게 나누기 위해서예요. 나라가 어떻게 돌아가고 있는지 사람들이 잘 알아야 선거에서 제대로 결정을 내릴 수 있지 않겠어요? 사람들이 사실을 알리지 못한다면, 특히 정부의 잘못을 말하지 못한다면 민주주의는 제대로 작동하지 않아요. 그래서 독재자는 검열을 좋아해요.

지도자가 우리 가족을 체포했어요. 어디로 끌고 갔는지도 모르겠어요.

그런 위험한 거짓말은 믿지 마시오! 저 여자를 끌고 가요!

할 말 있는 사람?

저희는 지도자께서 위대하다고 생각합니다!

표현의 자유가 짓밟힌 나라에서는 독재자가 심각한 범죄를 저질러 놓고도 사람들에게는 좋은 쪽만 말할 수 있어요. 또 누구도 독재자의 뜻과 다르게 말할 수 없어요. 엄격한 검열은 사람들에게 겁을 주어서 정부에 맞서는 말을 차마 입 밖에 꺼내지도 못하게 만들어요.

표현의 자유는 언제나 좋은 건가요?

표현의 자유는 민주주의를 위해 꼭 필요해요. 그런데 사람들의 말이나 글, 노래 등을 어느 정도는 제한할 필요가 있다는 목소리도 커요. 하지만 사회가 어디쯤에서 선을 긋고 제한해야 하는지에 대해서는 의견이 모아지지 않고 있어요.

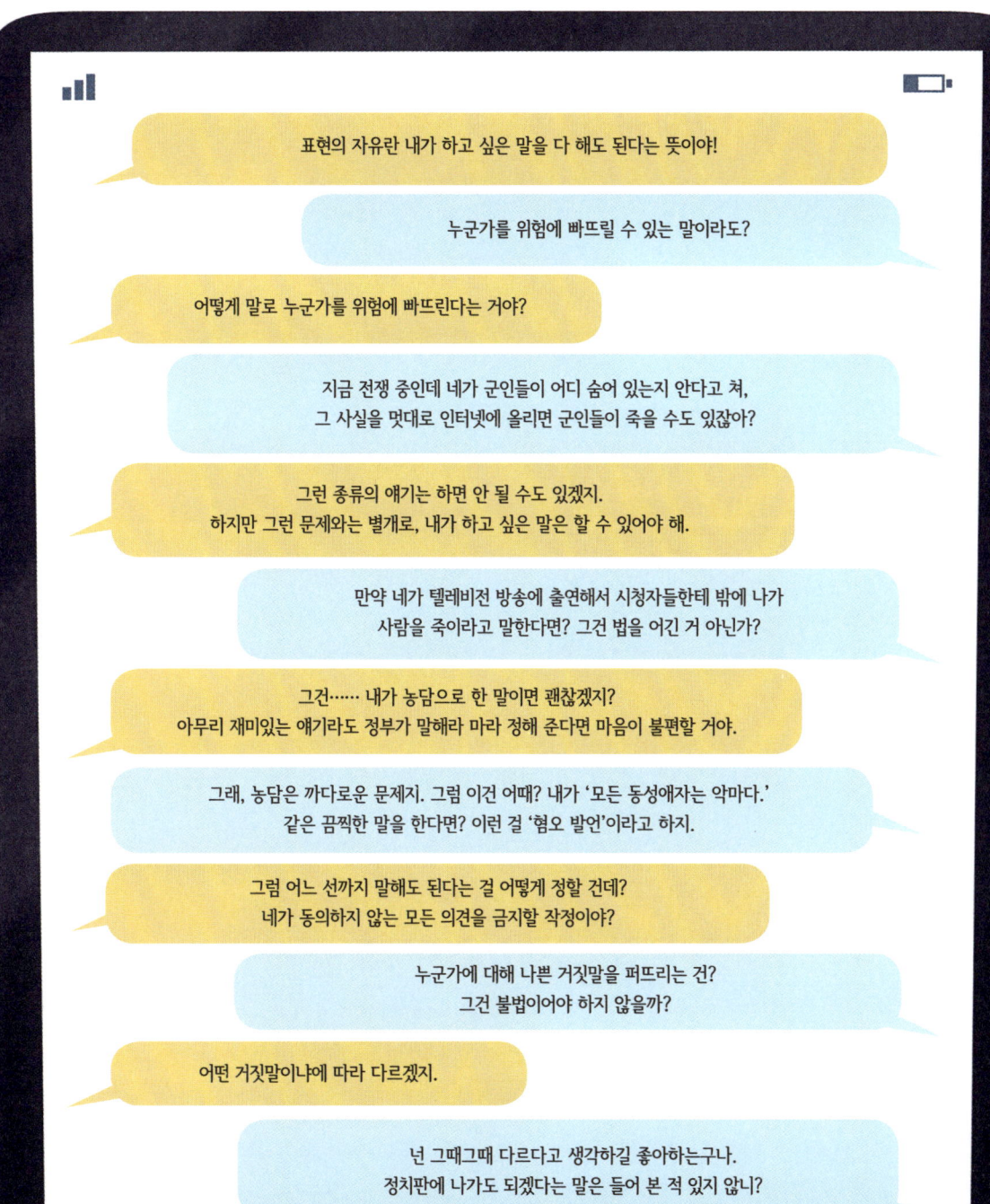

언론은 정치에 어떤 영향을 주나요?

신문, 텔레비전, 잡지 같은 언론은 사람들이 정보를 주고받는 가장 빠른 방법이에요. 독재 국가에서는 정부가 언론을 엄하게 통제해요. 하지만 민주주의 국가에서는 언론이 활발하게 활동해요. 특히 건강하고 독립적인 언론은 민주주의를 위해 꼭 필요하지요.
그런데 민주주의에서도 때로는 언론과 정치 사이에 그늘이 있답니다.

언론의 좋은 점

언론은 이런 것들을 할 수 있어요.

- 정치인이 몰래 묻으려 했던 비밀을 벗기고 진실을 파헤쳐요. 또 정부가 소홀히 하는 일을 널리 알려요.

- 국회에서 어떤 법이 통과되었고 어떤 문제가 논의되고 있는지, 나라가 어느 방향으로 나아가고 있는지 등, 정치에 관한 정보를 사람들이 계속 접하도록 도와요.

- 정치인에게 도전적인 질문을 던져서, 그 정치인이 곤란한 상황일 때 어떻게 행동하는지 사람들이 살펴볼 기회를 줘요. 이를 통해 그 정치인의 생각이 올바른지도 확인하게 해 줘요.

- 선거 기간 동안 정당과 후보자의 공약을 알려 줘요. 국민이 정보를 접하고 누구를 뽑을지 결정할 수 있게 도와요.

- 역사적인 맥락을 짚어 줘요. 지금 우리가 가지고 있는 정치적 문제는 과거에도 비슷하게 겪었던 것일 수 있거든요. 현재와 과거를 비교하고 분석할 수 있는 전문가를 섭외해서 사람들이 현재 상황을 이해할 수 있게 도와요.

언론의 나쁜 점

언론은 이런 것들도 할 수 있지요.

- 지나치게 자극적인 뉴스를 내보내요. 예를 들어, 정치적 문제를 실제보다 더 극단적으로 표현해요.

- 어떤 정당이나 정치사상에 대해 선입견을 드러내요. 우리가 특정한 뉴스만 본다면 그 뉴스의 선입견에 큰 영향을 받게 돼요.

- 언론도 부패할 수 있어요. 부패한 언론의 기자는 자신의 이익에 따라 어떤 정치인을 좋게 또는 나쁘게 표현해요. 다행히 다른 기자들이 이것을 밝혀낼 수도 있어요.

- 언론이 부패하지 않았더라도, 그 언론사를 운영하는 사장의 영향을 받을 수 있어요. 특히 신문사의 사장들은 대개 엄청나게 부유한 사람이에요. 이들이 선입견을 가졌을 수도 있고, 이익을 얻기 위해서 특정한 정당을 돕거나 방해할 수도 있어요.

- 극단적인 생각을 퍼뜨릴 수 있어요. 어떤 사람이 자꾸 방송에 나와서 극단적인 말을 반복하면 사람들은 그 생각이 괜찮다고 여기기 시작해요.

언론을 어떻게 봐야 할까요?

가장 좋은 방법은 신문과 뉴스를 다양하고 폭넓게 접하는 거예요. 또 요란한 제목만 보지 말고 내용까지 살펴보세요. 여러분이 보는 신문과 뉴스가 사실을 그대로 전하지는 않으면서 감정을 자극하는 말만 쓰지는 않는지, 그래서 사람들이 어떤 특정한 반응을 보이도록 유도하지는 않는지, 여러분 스스로 짚어 봐야 해요.

이민자는 어떤 사람들이에요? 난민은요?

다른 나라에 가서 사는 것을 '**이민**'이라고 하고 이런 사람을 '**이민자**'라고 해요. 이민을 선택하는 이유는 다양해요. 더 좋은 기후를 원하는 것일 수도 있고, 더 나은 일자리를 원하는 것일 수도 있어요. 그런가 하면 전쟁이나 그 밖의 어떤 위험에서 벗어나려고 나라를 떠나는 사람은 '**난민**'이라고 해요. 이민자와는 달리 난민은 어쩔 수 없이 다른 나라로 가는 거예요.

대부분의 나라는 누구를 이민자로 받아들일지 판단하는 엄격한 법을 두고 있어요. 이제 갓 도착한 이민자는 누릴 수 있는 권리가 적어요. 선거권이 없거나 병원 진료를 쉽게 받을 수 없지요.

난민으로 인정받으려면 아주 열심히 일하면서 자신이 정말로 곤란한 상황에 처해 있다는 사실을 입증해야 해요. 그러고서도 적당한 집이 아니라 수용소에서만 생활하도록 제한을 받기도 해요.

이민자를 왜 반대하나요?

이민자 등 외국인을 싫어하고 불신하는 것을 '**외국인 혐오**'라고 해요. 어떤 정당은 이민자들이 일자리를 가로챌 거라고 주장해서 외국인 혐오를 자극해요. 또 외국인 혐오를 이용하려는 정치인도 있고요. 다 표를 얻기 위해서 그러는 것이지요. 하지만 이민자들이 우리에게 해를 끼친다는 믿음은 실제로는 근거가 없어요. 그럼에도 논리적인 논쟁으로 외국인 혐오를 없애기란 쉽지 않아요.

> 이민자가 우리 일자리를 뺏어 가요!

> 이민자는 대개 여기서 일자리를 제안받았기 때문에 오는 거예요. 그 일자리는 이 나라 사람들이 원하지 않던 자리고요.

> 그렇다 해도 이민자 때문에 임금이 낮아질 거예요. 이민자는 돈을 적게 받고도 일하려고 할 테니까요.

> 정부가 임금을 너무 낮게 주는 걸 불법으로 정해 두었으니 그렇게는 못 하지요.

> 이 나라가 내 나라 같지가 않아요. 낯설어요. 이민자는 우리 사회가 어떻게 돌아가는지도 몰라요. 우리 사회의 가치를 받아들이지 않으려고 하잖아요.

> 나는 이민자가 우리 사회를 더 좋게 만든다고 생각해요. 특히 음식 문화가 얼마나 다채로워지겠어요! 그리고 이민자도 우리 문화에서 배우는 게 있어요. 자신감 넘치고 평화로운 사회는 새로운 가치를 받아들일 뿐만 아니라 전달할 줄도 알아야 해요.

> 그거야 그냥 원칙적인 얘기죠. 하지만 실제로 내 주변을 보면 그렇게 되지 않던데요. 난 원래 살던 대로 살고 싶어요.

인종주의가 뭐예요?

'**인종주의**'는 어떤 인종이 다른 인종보다 뛰어나다는 믿음이에요. 인종주의자는 인종이 다른 사람들을 함부로 대해요. 우리 사회에 온 이민자들이 인종주의를 경험하게 해서는 안 돼요. 여러분의 가족 중에도 이민자가 있을 수 있잖아요. 언젠가 여러분이 이민자가 될 수도 있어요. 많은 나라에 인종 차별을 금지하는 법이 마련되어 있어요. 하지만 이런 법이 모든 인종 차별을 막아 주지는 못해요. 그러니 우리 모두가 더욱 주의해야겠지요.

나는 페미니스트일까요?

누구에게나 인권이 있지요. 그런데 어떤 집단은 인권을 온전히 누리지 못하고 오히려 엄청난 불이익을 받으며 살아가요. 아주 큰 집단이라도 그런 일을 당할 수 있어요. 대표적인 집단이 여성이에요. 그동안 여성은 남성과 같은 권리를 가지지 못했고 지금도 여전히 차별이 남아 있어요.

이 질문들은 유독 여성이 더 많이 떠올릴 법한 것들이에요. 어느 나라에 살고 있느냐에 따라 이 질문들을 전부 떠올릴 수도 있고, 일부만 떠올릴 수도 있어요.

여성이 공정한 대우를 받지 못하고 있는 것이 큰 문제라고 생각하는 사람, 그리고 여성에게도 남성과 똑같은 권리와 기회가 주어져야 한다고 생각하는 사람을 **'페미니스트'**라고 해요. 여러분도 같은 생각이라면, 여러분은 페미니스트예요. 여러분이 남자라면 남자 페미니스트겠지요.

사회적 약자

여성과 같이 사회적으로 부당하게 차별받는 집단을 '**사회적 약자**'라고 해요. 사회적 약자는 소외되거나 무시당하는 경우가 많아요. 예를 들어, 할리우드 영화에서 전체 대사의 70퍼센트가 남성, 그것도 백인 남성의 몫이에요. 정치에서도 마찬가지예요. 국회의원은 여성보다 남성이 훨씬 많지요. 장애인, 동성애자, 비정규직 노동자 등 다른 사회적 약자들도 사정이 비슷해요.

정치에서 사회적 약자의 목소리가 들리지 않는 것이 어떻게 문제가 될까요?

> 문제가 안 되죠. 정치인이 또다시 당선되고 싶다면 알아서 신경 쓸 거예요. 성차별주의자인 남성 정치인이 있다면 여성 유권자들이 선거에서 떨어뜨려 버리겠지요!

> 문제가 되고말고요! 사회적 약자가 어떤 삶을 사는지는 직접 경험하지 않으면 이해할 수 없으니까요.

> 맞아요, 문제지요! 정치인 중에 사회적 약자에 속하는 사람이 없다면 사회적 약자들은 정치란 자신들이 할 수 없는 일이라고 생각할 수도 있어요.

> 문제 될 게 있나요! 여성 정치인이 많이 없다면 그건 여성들이 정치를 그다지 하고 싶어 하지 않는다는 뜻이지요. 강요할 수는 없잖아요!

> 큰 문제예요! 정당은 사회적 약자를 후보자로 낼 책임이 있어요. 그러지 않으면 변화는 없을 거예요.

> 잘 모르겠네요. 그런데 사실 사람들은 대부분 정치에 별 관심이 없어요. 일상생활과 연관된 것들, 이를테면 남녀 동일 임금법 같은 게 진짜 변화를 만드는 거예요.

환경 문제는 누가 책임져야 할까요?

인류는 지구에 끔찍한 일을 저질러 왔어요. 오염 물질을 함부로 내버리는가 하면, 화석 연료를 마구 태워서 지구 온난화를 일으켰지요. 파괴된 자연 환경을 바로잡아야 한다는 것에는 모두가 고개를 끄덕일 거예요. 그렇다면 정치는 어떻게 해서 환경을 보호할 수 있을까요?

> 정치인은 지구 온난화를 막기 위해 환경 오염을 줄이는 법을 만들 수 있어요. 이를테면, 화석 연료를 쓰는 자동차를 금지하거나, 아니면 세금을 더 많이 내게 할 수 있어요.

> 하지만 그런 법을 만들고 싶어 하지 않는 정치인도 있어요. 많은 유권자가 새 차를 살 수 없게 되거나 화석 연료를 통해 돈을 벌지 못하게 될 테니까요.

> 그래도 환경 보호를 원하는 정치인이 더 많아요. 게다가 우리와는 달리, 정치인은 과학자와 전문가를 만나기가 쉽잖아요. 정치인은 지구를 살리고 싶다면 과학자와 전문가한테 사회 전체가 어떻게 변해야 하는지에 대해 조언을 구할 수 있어요.

> 정치인은 몇 년마다 바뀐다는 사실을 생각해 봐요. 다음 정부는 이전 정부의 환경 정책을 없던 일로 할 수도 있어요.

> 좋은 지적이에요. 그러면 정치인보다는 기업에 요구하는 편이 더 나을까요?

> 기업에 변화하라고 굳이 요구할 필요는 없어요. 소비자는 기업이 생산한 물건을 사지 않을 수 있으니까요. 이것만으로도 기업은 변화해야 할 필요를 느끼게 되지요.

> 그래도 기업이 변화하도록 정부가 나서야 하지 않을까요? 국민의 불매 운동에만 의존하지 말고요.

> 원칙적으로는 그래야죠. 하지만 정부도 사람으로 구성된 곳이에요. 사람은 부정부패에 빠질 수 있어요. 뉴스만 봐도, 정부 공무원이 오염 물질을 만들어 내는 기업과 가깝게 지낸다는 이야기가 가득하잖아요.

부정부패를 어떻게 없앨 수 있을까요?

'부정부패'는 정치인이나 공무원이 돈과 권력을 얻기 위해 자신의 지위를 이용하거나 정직하지 못한 행동을 하는 것이에요. 부정부패의 대표적인 경우는 바로 이런 일들이에요.

뇌물 뇌물로 돈을 받고 그 대가로 특혜를 줘요.	**강요** 아랫사람에게 불법적인 명령을 따르라고 강요해요.	**족벌주의** 친구나 가족에게 돈이나 중요한 일자리를 줘요.
협박 다른 정치인의 비밀을 이용하여 겁주며 협박해요.	**횡령** 정부가 가진 돈이나 정부에 가야 할 돈을 훔쳐요.	

예시를 하나 볼까요?

| 오늘의 뉴스 | 국내 뉴스 | 국제 뉴스 | 스포츠 | 날씨 |

브라질의 부정부패

2014년 브라질 경찰이 조사한 결과, 큰 건설 사업을 위해 정부로부터 지원금을 받아 온 기업이 지원금 일부를 정치인에게 뇌물로 준 사실이 밝혀졌어요. 수십 억 달러가 정치인의 주머니로 들어간 거예요.

그 후 2년 동안, 브라질 곳곳에서 부정부패에 항의하는 시위가 일어났어요. 국민은 노란색과 초록색의 빗자루를 들고, 국민이 낸 세금을 훔쳐 가지 말 것을 정치인들에게 요구했어요.

2016년 지우마 호세프 대통령이 탄핵되었어요. 많은 기업가와 정치인이 구속되었고 어마어마한 벌금을 내야 했어요.

▶ 부정부패를 멈출 것을 요구하는 시위대

내 주장을 펼치는 방법

살다 보면 자신과 생각이 다른 사람을 많이 만나게 되지요. 상대방의 감정을 상하게 하지 않으면서 효과적으로 자신의 주장을 펼치는 방법을 몇 가지 소개할게요.

❶ 개인적인 면을 공격하지 않기

상대방 개인을 비판하지 말고 상대방의 생각을 비판해요.

❷ 자신의 주장을 사실로 뒷받침하기

사실을 찾기 위해서는 관심 있는 주제에 대해서 신문과 뉴스를 보고 여러 자료를 폭넓게 읽어요.

❸ 감정에 호소하기

자신의 주장을 사실로 뒷받침하는 것은 중요해요. 하지만 인간은 감정을 가진 존재이기 때문에 상대방의 두려움이나 희망을 자극하면 설득하기가 더 쉬워져요. 사실만 가지고는 때로 차갑고 건조한 느낌을 줄 수 있어요.

4 거짓을 바탕으로 한 주장을 조심하기

어떤 사람은 논쟁을 시작할 때 처음부터 잘못된 정보를 제시하기도 해요.

범죄가 늘 일어난다는 점을 고려하면 거리에 경찰이 더 필요해요!

거짓 정보

사실, 우리 나라에서 범죄가 늘 일어나진 않아요. 오히려 수십 년에 걸쳐 범죄가 줄어들고 있어요.

아, 뭐…… 그렇다면 됐어요.

상대방이 잘못된 정보를 처음 내놓을 때 반박하는 것이 중요해요. 그래야 상대방이 잘못된 정보나 현재와 다른 과거의 사실을 근거로 논쟁을 이어 가지 못하니까요.

5 화내거나 소리 지르지 않기

지나치게 목소리를 높이는 것은 예의 없는 행동이에요. 스스로 분을 이기지 못하고 어쩔 줄 몰라 하는 태도는 자신의 주장을 더욱 빈약하게 만들 뿐이에요.

 으아아아아악! 으아아아악!

 저런, 진정 좀 하지!

 저도 중요하게 생각하는 문제인데요, 이 부분은 조금 아쉬워요.

 참 합리적인 사람이네.

열정적으로 말하는 것은 좋아요. 소리 지르지는 말라는 거예요.

6 생각을 바꾸기

논쟁을 하다 보면 중간에 상대방의 주장이 옳다는 것을 깨달을 때가 있어요. 그래도 괜찮아요. 자신의 주장만 고집할 필요는 없어요. 생각이 바뀌었다는 사실을 솔직히 받아들이면 상대방도 같은 상황에서 생각을 바꿀 거예요.

……이런 이유들 때문에 선거 가능 나이를 16세로 낮춰야 한다고 생각해요.

흠, 옳은 말이야. 내가 미처 저런 생각을 하지 못했네.

토론에 참여하기

정치적 주제에 대해 자신의 주장을 펼치는 법을 배우려면 여러 명이 함께하는 토론에 참여하는 것이 가장 좋아요. 수업에서 토론을 하게 된다면 적극적으로 참여하세요. 또는 토론 동아리에 가입하거나 토론 대회에 나가 보세요.

토론이 어떻게 진행되는지 예시를 보여 줄게요.

사회자가 토론 주제를 소개해요.
토론이 시작된 거예요.

이번 토론은 '폭력을 휘두른 학생은 경찰에 체포되어야 하는가'라는 주제를 가지고 펼치겠습니다.

찬성하는 쪽의 사람이 주장을 펼쳐요.
이때 시간제한을 지켜야 해요.

이어서, **반대**하는 쪽의 사람이 주장을 펼쳐요.
역시 시간제한을 지켜야 해요.

학교 폭력의 피해는 강도한테 입는 피해만큼이나 어마어마합니다.

나쁜 행동을 불법으로 정한다면 어디까지를 나쁜 행동으로 봐야 할까요? 화가 나서 쏘아붙이는 것도 불법으로 정해야 할까요?

여러 사람이 주장을 펼친 뒤, 사회자가 토론 내용을 요약해서 말해요. 그런 다음, 청중이 찬반 투표를 해요.

투표 결과가 나왔습니다.
파랑 팀이 이겼습니다!

세계 여러 나라의 의회에서는 법안을 두고 투표하기 전에 이와 비슷한 방식으로 토론을 해요. 여러분이 정치인이 되고 싶다면 토론은 좋은 훈련 방법이에요.

무척 심각한 주제로 토론이 벌이기도 해요.
- 사형 제도가 있어야 할까?
- 투표 가능 나이를 16세로 낮추어야 할까?
- 소셜 미디어가 사람들을 더욱 반사회적으로 만들까?

하지만 웃기는 주제를 가지고 토론 연습을 할 수도 있어요.
- 뱀파이어와 늑대 인간이 싸우면 누가 이길까?

이제 해야 할 일은?

이 책을 다 읽은 여러분은 아마도 웬만한 어른보다도 정치에 대해 더 많이 알게 되었을 거예요. 하지만 여기서 멈추지 마세요. 정치의 세계는 늘 변화무쌍해요. 신문과 뉴스를 보며 더 많이 배우세요.

역사책도 읽어요. 스페인 출신의 미국 철학자 조지 산타야나는 『이성의 생활』이라는 책에서 '과거를 기억하지 못하는 사람은 같은 실수를 반복한다.'라고 썼어요. 정치의 역사를 알면 알수록 미래에 무언가 나쁜 일이 벌어지지 않도록 미리 준비할 수 있어요.

언제나 눈을 크게 뜨고, 귀를 쫑긋 세우고, 마음을 활짝 열어요. 자신이 어떤 생각을 가지고 있는지 스스로 물어보고 그 생각에 질문을 던져요. 남들이 하는 말을 수동적으로 받아들이지 마세요.

어른이 되면 투표를 해요. 정부에 동의할 수 없다면 시위를 해요. 정치인들에게 편지를 쓰고 이메일을 보내요.

그리고 어쩌면, 언젠가 여러분이 정치인이 되어 있을 수도 있어요.

낱말 풀이

다음은 이 책에 나온 주요한 단어들의 뜻을 설명한 거예요. 이탤릭체로 쓰인 단어는 이 낱말 풀이 안에 설명되어 있는 단어라는 것을 의미해요.

검열 정부가 언론이나 출판, 예술 등의 분야에서 미리 그 내용을 검사해서 *표현의 자유*를 막는 것이에요.

공공 서비스 교육, 교통, 의료, 경찰처럼 정부가 국민을 위해 제공하는 서비스예요.

공무원 중앙 정부나 *지방 정부*에서 일하는 사람들로, *선거*로 뽑지는 않아요. *정치인*과 달리 공무원은 정치적 중립을 지켜야 할 의무가 있어요.

공산주의 *사회주의*의 한 종류로, 노동 계급을 대표하는 사람이 권력을 잡아 강력한 *정부*를 이루어서 모든 것을 똑같이 나누자는 *정치사상*이에요. 노동 계급의 권리를 위해 싸우는 것을 목표로 해요.

공화정 왕이 없고, 대신 사람들이 뽑은 *대표자*가 있는 *정치 체제*예요. 과거에는 왕 대신 귀족들이 권력을 잡는 귀족 정치도 공화정에 포함되었지만 오늘날에는 *민주주의*에 의한 *정치*만 가리켜요.

국가 일정한 영토와 그곳에 사는 사람들이 있고, 자체적인 정부를 가지고 있는 집단이에요. 나라와 같은 뜻인데 좀 더 격식을 갖춘 표현이에요.

국민 한 *국가*의 구성원으로, 그 국가의 국적을 가진 사람이에요. 일정한 나이가 된 국민은 대부분 *선거권*을 가지게 돼요. 또한 국민은 *세금*을 내야 해요.

국민 투표 *선거* 이외에, 어떤 중요한 결정에 대해 *국민*이 참여하는 투표예요.

국제기구 여러 나라가 같은 목적을 이루기 위해 함께 만든 조직이에요. 가장 대표적인 국제기구는 국제 연합(유엔)이에요.

국제주의 인간은 누구나 나라와 민족을 넘어 똑같은 대우를 받아야 한다는 생각이에요.

내각 한 나라의 *행정부*에서 중심이 되는 기관으로, *대통령* 또는 *총리*를 돕는 역할을 해요. *대통령* 또는 *총리*가 뽑은 장관들로 이루어져 있어요.

다수결의 원칙 무언가를 결정할 때 많은 사람이 찬성하는 쪽을 따르는 방식이에요.

대의 민주주의 *국민*이 자신을 대신할 *대표자*를 *선거*를 통해 뽑아서 나라의 중요한 결정을 맡기는 *정치 체제*예요. '간접 민주주의'라고도 해요.

대표자 한 집단을 대표하는 사람으로, *국민*의 대표자로는 *대통령*, *국회의원* 등이 있어요.

대통령 *대통령제*인 나라에서 *행정부*의 최고 책임자예요. *의원 내각제*에도 대통령이 있는 경우가 있는데 이때 대통령은 형식적으로만 존재하고 실제로는 *총리*가 권력을 가지고 있어요.

독립 정치적인 의미에서 독립이란 한 나라가

다른 나라의 지배를 받지 않은 상태로 직접 나라의 중요한 결정을 내릴 수 있는 상태예요.

독재주의 독재자가 국민을 엄격하게 통제하면서 자신의 마음대로 나라를 다스리는 *정치 체제*예요.

무정부주의 정부가 아예 존재하지 않는 상태가 최선이라고 여기는 생각이에요.

민권 운동 국민의 권리를 보장해 줄 것을 요구하는 *정치* 운동이에요.

민족주의 민족을 가장 중요한 가치로 여기는 생각이에요.

민주주의 나라의 권력을 국민이 가지고 있는 *정치 체제*예요. *대표자*가 있느냐에 따라 직접 민주주의와 대의 민주주의로 나뉘어요.

법 한 나라의 규범으로, 국민은 모두 법을 지켜야 할 의무가 있어요. 법안이 국회에서 통과된 후 *대통령*이 서명하면 법이 돼요. 헌법, 조례 등과 구별하기 위해 정식으로는 '법률'이라고 불러요.

법안 법으로 만들고자 하는 내용을 정리해서 국회에 제출하는 문서예요. 법안은 원래 국회의원만 제출할 수 있는 것이지만 나라에 따라 행정부의 공무원이나 *대통령*도 제출할 수 있는 경우도 많아요. 정식으로는 '법률안'이라고 불러요.

보수주의 사회가 빠르게 변화하는 것을 반대하고 전통을 지키고자 하는 생각이에요.

부정부패 자신의 지위나 권력을 이용해 정직하지 못한 일을 해서 이익을 챙기는 것이에요.

사법부 법에 따라 재판을 하고, 어떤 법이 헌법이 어긋나지 않는지 판단하는 국가 기관이에요.

사회 공동의 목표나 공통점을 가진 여러 사람이 모여 이룬 집단이에요. 가족부터 나라까지, 사회의 크기는 무척 다양해요.

사회적 약자 사회적, 신체적, 종교적 특징 등으로 인해 차별을 당하고 부당한 대우를 받는 집단이에요. '사회적 소수자'라고도 해요.

사회주의 자본주의를 극복하기 위해 재산을 다 함께 소유하고 결과물도 다 함께 소유해서 빈부 격차를 없애자는 *정치사상*이에요.

선거 행정부나 입법부를 책임질 *대표자*를 투표를 통해 뽑는 것이에요.

선거권 선거에 참여해서 *투표할 수* 있는 권리예요.

선거인 명부 미리 유권자들의 목록을 적어 놓은 것으로, 부정 선거를 막으려는 목적을 가지고 있어요.

선입견 어떤 것에 대해 마음속에 이미 가지고 있는 생각이나 관점이에요.

세금 국민과 기업이 중앙 정부와 *지방 정부*에 내야 하는 돈이에요. 세금은 나라 전체의 살림이나 그 지역의 살림에 쓰여요.

식민지 독립되지 못한 상태로 다른 나라의 지배를 받는 나라예요.

시위 많은 사람이 모여 집회나 행진을 하며 자신의 주장을 나타내는 것이에요.

압력 단체 자신의 주장을 실현시키기 위해 *정치인*들에게 압력을 가하는 집단이에요.

애국주의 자신의 나라를 특별히 사랑하고 자랑스럽게 여기는 생각이에요.

언론 신문, 텔레비전, 라디오, 잡지 등을 통해 많은 사람에게 어떤 사실을 알리거나 의견을 전하는 활동이에요.

연방 자치적인 정부를 가진 지역 여러 곳이 모여 이룬 나라예요. 각 지역의 최고 책임자는 그 지역 사람들이 *선거*를 통해 뽑아요.

유권자 선거에 참여할 수 있는 권리를 가진 사람이에요.

우파 대체로 보수적인 성격을 가진 *정치사상*으로, 정부는 최대한 나서지 말고 국민이 자신의 삶을 직접 책임져야 한다고 여겨요.

이민 자신이 속한 나라를 떠나 다른 나라로 옮겨 가서 사는 것이에요.

인권 인간이라면 누구나 가지는 기본적인 권리예요. 자유롭게 의견을 말하는 것, 사생활을 보호받는 것 등이 인권에 속해요.

입법부 법을 만드는 것을 담당하는 국가 기관이에요. 일반적으로 '국회' 또는 '의회'라고 불러요.

자본주의 정부의 간섭을 받지 않고 개인과 기업이 알아서 자유롭게 하도록 내버려 두어야 경제가 잘 돌아갈 수 있다는 *정치사상*이에요.

자유주의 개인의 자유가 최대한 보장되어야 한다는 생각이에요. 정부는 국민의 삶에 간섭해서는 안 되고 국민을 감시해서도 안 된다고 여겨요.

장관 행정부를 이루는 각 부의 최고 책임자예요. *대통령* 또는 *총리*가 임명해요.

전체주의 독재주의의 극단적인 형태로, 국민은 나라 전체를 위해서만 존재한다는 믿음으로 국민의 자유를 억압하는 *정치 체제*예요. 전체주의 지도자는 국민이 자신을 무조건 찬양하고 복종하기를 요구해요.

절대 왕정 한 사람의 왕이 절대적인 권력을 휘두르며 자신의 뜻대로 나라를 다스리는 *정치 체제*예요.

정당 같은 *정치사상*과 같은 목적을 가진 *정치인*들의 집단이에요. 정당은 *선거*에 후보자를 내고 그 후보자가 당선되어 *대표자*가 되도록 노력해요.

정부 한 나라를 다스리는 국가 기관이에요. 행정부, 입법부, 사법부로 이루어져 있는데, 요즘은 주로 행정부만을 가리키는 말로 쓰이고 있어요.

정책 정치적 목적을 이루기 위해 정부가 갖는 방향이나 계획이에요. 경제 정책, 교육 정책, 환경 정책 등 분야에 따라 여러 가지로 나뉘어요.

정치사상 정치에 대해 가지는 특정한 방향의

생각으로, *사회와 정치 체제*의 바탕이 돼요.

정치인 정치를 맡아서 하는 사람으로, *선거*에서 뽑히면 *대표자*로서 행정부 또는 입법부에서 일해요.

정치 체제 정부가 어떤 방식으로 구성되고 어떤 방식으로 나라를 다스리는지 정해 놓은 규칙이에요. 한 나라에서 의견을 조율하는 방식이 곧 정치 체제라고 할 수도 있지요.

제국 다른 나라들을 정복해 광대한 영토를 가지고 있는 나라예요.

조약 둘 이상의 나라들 사이에 공식적으로 맺는 약속이에요.

좌파 대체로 진보적인 성격을 가진 *정치사상*으로, 정부가 적극적으로 나서서 이익을 공유하게 해야 한다고 여겨요.

중앙 정부 한 나라 전체를 다스리는 행정부예요. 대부분의 경우, 수도에 자리하고 있어요.

지방 정부 한 나라 안에서 어떤 지역만을 다스리는 행정부예요.

직접 민주주의 *대표자*를 거치지 않고 모든 국민이 직접 *투표*를 해서 나라의 일을 결정하는 *정치 체제*예요.

직할지 중간에 다른 기관을 통하지 않고 직접 다스리는 지역이에요.

총리 의원 내각제인 나라에서 *행정부*의 최고 책임자예요. *대통령제*에도 총리가 있는 경우가 있는데 이때 총리는 *내각*을 이끌어 대통령을 돕는 일을 해요.

테러리즘 정치적 목적을 이루고 *사회*를 두려움에 빠뜨리기 위해 보통 사람들을 겨냥해서 일으키는 폭력이에요.

투표 선거에서 자신의 의견에 따라 투표용지에 표시하는 것이에요.

페미니스트 여성이 차별받지 않고 남성과 평등한 권리와 기회를 가져야 한다고 생각하는 사람이에요.

표현의 자유 검열을 받거나 체포될 걱정 없이 자신의 생각을 마음껏 표현할 수 있는 자유예요.

행정부 나라 살림을 담당하는 국가 기관이에요. 정책과 법을 실행하는 일을 해요. 대통령 또는 총리가 중심이 돼요.

헌법 여러 법 중에서도 가장 근본이 되는 중요한 법으로, *사법부*가 어떤 법이 헌법에 어긋난다고 판결하면 그 법은 취소돼요. 한 나라를 이루는 *정치 체제*는 헌법에 정해져 있기 때문에 정치 체제를 바꾸고 싶다면 헌법을 새로 만들어야 해요.

후보자 선거에서 뽑히기 위해 나서는 사람이에요.

찾아보기

ㄱ

검열 32, 106
게리맨더링 65
견제와 균형 16, 26, 40
경제 원조 6, 101
계급 35
고문 76, 96
공무원 46~47, 114, 115
공산당 선언 34
공산주의 34~35, 75, 77, 86, 91~92
공약 57~58, 78, 108
공익 단체 72, 78
공자 53
공화정 16~18, 25~26
관료주의 47
교도소 7, 32, 35, 60, 72, 104~105, 110
국경선 37
국민 투표 39
국제기구 50~51
국제법 98
국제 연합(유엔) 50, 98, 99
국제주의 89
국회 의사당 42, 45
군사 정권 33
군주 제도 21
권리 장전 25
귀족 16, 21~23, 35, 76
극단주의자 102
김정은 32

ㄴ

난민 110
남수단 90
남아프리카 공화국 56, 63, 66
내각 40~42, 44, 45

넬슨 만델라 63
노예 14, 25, 96
뇌물 64~65, 115
뉴스 38, 48, 79, 102, 108~109, 114, 116, 119
능력주의 20

ㄷ

다수결의 원칙 39, 67
다수의 횡포 26
대법원 42~43
대법관 25, 42~43
대사 50~51
대사관 51
대의 민주주의 26~27, 38
대통령 9, 25, 40, 42~43, 49, 56~57, 60, 63, 65~66, 68, 77, 79, 99, 115
대표자 24~25, 27, 38, 40, 48
대한민국 42, 56
독립 선언서 25
독립 전쟁 24
독재 17, 32, 37
독재자 32~33, 35, 77, 106
독재주의 32
딕타토르 17

ㄹ

러시아 34, 35, 49~50, 60, 77
로마 16~19, 25, 26, 106
루이 14세 22~23
루이 16세 76
리처드 닉슨 65

ㅁ

마오쩌둥 34
마하트마 간디 75
무국적 97

무정부주의 52, 92~93
미국 24~26, 42~43, 49~50, 56, 60, 63, 65, 68, 74~75, 99, 105
민족주의 88~91
민족주의자 89~90
민주주의 11, 14, 26~27, 30, 32, 38~41, 49, 62, 73, 75~77, 106~108
민회 14~15

ㅂ

백악관 42
법관 40
베트남 34
보수주의 85, 93
보스니아헤르체고비나 91
보스턴 차 사건 24
봉건 제도 21, 30
부정부패 100, 114~115
부정 선거 64
북대서양 조약 기구 51
분리주의자 90
불매 운동 79, 114
브라질 49, 60, 88, 115
블라디미르 레닌 34~35, 77
블랙 라이브스 매터 75
비례 대표제 66~69

ㅅ

사담 후세인 99
사법부 40~42
사생활 96, 103
사회 민주주의 87, 92
사회적 약자 69, 113
사회주의 86~87, 92
산업 혁명 86
삼권 분립 40
상대 다수 대표제 68~69
상원 25, 42~44

선거권 38, 61~63, 110
선거 운동 57, 65
선거 위반 64~65
선거 제도 32, 66, 68~69, 72
속국 18, 36
스위스 39, 88
시민 불복종 75
시위 11, 72, 74~75, 102, 115, 119
시위행진 75
식민지 24, 36~37, 63, 75, 101
신권 정치 33, 77
신문 7, 32, 38, 48, 79, 88, 108~109, 116, 119
실용주의 83

ㅇ

아랍 연맹 51
아르헨티나 33, 56
아메리카 원주민 25, 63
아테네 14~15, 26, 38
아파르트헤이트 63
아프리카 연합 51
압력 단체 72~72, 102
애국주의 89
애국파 24
애버리지니 63
에밀리아노 사파타 77
야당 44~45
언론 32, 38, 65, 72, 106, 108~109
여당 44~45
여론 38
여성(여자) 14, 25, 62~63, 112~113
여성 운동가 62
연방 49, 91
연방제 49
영국(잉글랜드) 21, 24~25, 36, 44, 50, 56, 60, 62~63, 68, 75, 90
외교관 51

외국인 혐오 111
우파 59, 84~85, 92~93
원로원 16, 17
원리주의자 102
유고슬라비아 91
유럽 연합 51
유세 57
유엔 안전 보장 이사회 50, 98
이디오테스 15
이라크 99
이란 33, 76
이민자 82, 110~111
이븐 할둔 53
이상주의자 83
이익 단체 72
이탈리아 10, 16, 33, 66, 88
인권 25, 72, 96~99, 112
인도 36, 49, 56, 63, 68, 75
인종주의 111
입법부 40~42

ㅈ

자본주의 75, 86~87, 93
자와할랄 네루 49
자유주의 85, 92~93
작은 정부 84~85, 92~93
장 자크 루소 53
장관 27, 44~46
전쟁 6, 15, 17, 22, 24~25, 50, 62, 91, 97~100, 110
전체주의 32~33, 35, 108
절대 다수 대표제 68~69
절대 왕정 22, 30, 98
정당 33, 40, 44~45, 49, 56~59, 66~69, 84, 91~92, 108~109, 111, 113
정책 40, 42, 46, 58, 72
정치사상 81, 84, 92~93, 109
재판 31, 40~41, 96
제국 18~19, 36~37

제레미 벤담 53
조약 42, 50~51, 98
족벌주의 20, 115
좌파 59, 84~85, 92~93
중국 20, 34, 50, 75
지구 온난화 6, 72, 114
지방 선거 48
지방 자치 48~49
지방 정부 48
직접 민주주의 26~27, 39
집단 살해 91, 99
집정관 16~17
집회 32, 75

ㅊ

총리 33, 40, 44~45, 49, 62, 66

ㅋ

칼 마르크스 34~35
쿠바 34, 76
큰 정부 84~85, 92~93

ㅌ

테러리즘 102~103
토론 15, 41, 44~46, 78~79, 118
토머스 페인 53
토머스 홉스 53
투생 루베르튀르 77
투표용지 27, 57, 64~65, 90
튀니지 77

ㅍ

파시즘 33, 93
페미니스트 112
평의회 14
표현의 자유 106~107
프랑스 10, 21~22, 36, 42, 50~51,

56, 62, 68, 76, 84, 89
플라톤 53
피델 카스트로 34, 76

##

하원 25, 42~45
한나 아렌트 53, 97
행정부 40~42, 44

헌법 25~26, 40~41, 43
혁명 11, 32, 76~77, 84
호민관 16~17
호찌민 34
황제 18~20
흑인 민권 운동 74~75

인터넷에서 자료 찾기

어스본 영문 홈페이지에서 바로가기 링크를 살펴보세요.
정치, 정부, 선거와 투표에 관한 사실들을 더 발견할 수 있어요.
다만 연결되는 웹사이트는 모두 영문으로 제공된답니다.
어스본 바로가기'(usborne.com/quicklinks)'에 방문해서
검색창에 'Politics for beginners'를 입력해 보세요.

우리가 추천하는 웹사이트에서는
다음과 같은 일들을 해 볼 수 있어요.

영국 국회 의사당 살펴보기
영국 총리와 미국 대통령의 비슷한 점과 다른 점 알아보기
미국 백악관을 둘러보는 가상 체험하기
인도, 일본을 비롯한 몇몇 나라의 정치 체제 알아보기
고대부터 현재까지 세계 각국의 지도자 찾아보기

만든 사람들

알렉스 프리스, 로지 호어, 루이 스토웰 글

켈런 스토버 그림

신인수 옮김

제이미 볼, 프레야 해리슨 디자인
스티븐 몽크리프 책임 디자인

휴고 드로천 케임브리지대 박사,
대니얼 비호프 뉴욕대 박사 감수

루피터 해리스, 존 피에나르,
레이첼 리브스, 얼 하우 협조

한국어판 1판 1쇄 펴냄 2018년 3월 1일 | 1판 7쇄 펴냄 2021년 4월 30일
옮김 신인수 편집 김산정 디자인 김혜림 펴낸곳 (주)비룡소인터내셔널 전화 02)6207-5007 팩스 02)515-2007
한국어판 저작권 ⓒ 2018 Usborne Publishing Ltd.
영문 원서 Politics for beginners 1판 1쇄 펴냄 2017년
글 알렉스 프리스 외 그림 켈런 스토버 디자인 제이미 볼 외 감수 휴고 드로천 케임브리지대 박사
펴낸곳 Usborne Publishing Ltd. usborne.com
영문 원서 저작권 ⓒ 2017 Usborne Publishing Ltd.

이 책의 영문 원서 저작권과 한국어판 저작권은 Usborne Publishing Ltd.에 있습니다.
저작권법에 의하여 한국 내에서 보호를 받는 저작물이므로 무단전재와 복제를 금합니다.
어스본 이름과 풍선 로고는 Usborne Publishing Ltd.의 트레이드 마크입니다.

*이 책에는 네이버 나눔글꼴을 사용하였습니다.